Verlag Voland & Quist, Dresden und Leipzig, 2012
© by Verlag Voland & Quist – Greinus und Wolter GbR
Umschlaggestaltung: HawaiiF3, Leipzig
Satz: Tristan Bötebach, Berlin
Druck und Bindung: C.P.I. Moravia, Czech Republic
Tonaufnahmen und Mastering: Tristan Bötebach, Berlin
CD-Produktion: polycopy, Aachen

www.voland-quist.de

Bas Böttcher
Vorübergehende Schönheit

Voland & Quist

Inhalt:

I
Vorübergehende Schönheit (2012) S. 06 - 53
　　　　　　　　　　　　　　　　　　CD 01 - 21

II
Neonomade (2009)　　　　　　　 S. 58 - 86
　　　　　　　　　　　　　　　　　　CD 22 - 42

III
Dies ist kein Konzert (2006)　　　S. 92 - 125
　　　　　　　　　　　　　　　　　　CD 43 - 51

I
Vorübergehende Schönheit

CDNR	TITEL	SEITE	MINUTEN
0001	Syntax Error	10	02:23
0002	Schnappschüsse	14	01:19
0003	Schatzkarte	16	02:13
0004	Vom Abheben	18	01:30
0005	Die Einfachheit	20	01:07
0006	Dot Matrix	22	02:05
0007	Ein Dominospiel	26	01:05
0008	Die Handlung [...]	27	00:10
0009	Ein Rätsel	28	01:31
0010	Zeitlupe	30	02:21
0011	Driften	33	00:42
0012	nachtleben - nachbeben	34	00:59
0013	Gesteinschichten	36	02:32
0014	Ein Sommertagtraum	39	01:03
0015	So oder so	40	01:03
0016	Ansichten einer Stadt	42	02:01
0017	Weltverbesserer	46	01:48
0018	Klebstoff	48	01:05
0019	Lobgesang	49	00:09
0020	Sommerregen	50	01:17
0021	Vom Anbau	52	01:03

Syntax Error

Ich bin Fehler im System
das System hinter dem Fehler
der Stolperstein im Wortfeld
im Sprachfluss der Eklat

Gleichförmigkeit führt zu Ungeduld und Unruhen
Es kann der richtige Weg sein, das Falsche zu tun
Jedes Wort verziert von Rotstift – Farbe der Liebe
Meine Fehler sind das Salz im Getriebe
ääh, Sand in der Suppe
Ich hab ständig Wünsche frei vor lauter Schnuppe

So stellen meine Fehler die Regeln auf Proben
So proben die Regeln meine Fehler – beide eng verwoben

Ich bin mangelhäftiger Meister
Ich komm nie vom falschen Weg ab
Bin im Meisterfehlen der Macher
weil ich Patzer in Massen statt Maßen hab

Aus falsch mach ich Flash
Aus Fehler mach ich Flair
Aus schlecht wird Geschlecht
Aus verkehrt wird Verkehr

Aus Elenden die Edelen
Aus Lebenden die Liebenden
Aus Leid mach ich ein Lied
Und aus bad mach ich ein' Beat

Ich bin Fehlermachmeister
das Tüpfelchen unter dem I
Bin im Meisterfehln der Macher
Mein Paradigma die Paradoxie:

Ich schwimm in Geld wie Heu am Meer
Meinem Kram kräht kein Kran hinterher
Auch dieser Vers ist unter aller Schublade geraten
Und dieser hier Öl auf die Mühlen der Akkuraten

Muss es heißen „Was willst du denn?"
oder besser „Was will Duden?"
Ich rock Haus, statt Brockhaus
beherrsche die Echtschreibung

In der Rechtschreibung steckt Reibung
rubbel dran rum bis zur „Üb-er-Treibung
lieber erst mal noch mal vor der Eignung!"

Und so kommt alles Festgelegte gelegen
Und alles, was bestimmt wurde, stimmt

So stellen meine Fehler die Regeln auf Proben
So proben die Regeln meine Fehler – beide eng verwoben

Ich komm vollkommen unvollkommen
Hab mich schon immer benommen benommen

>>>

Andere leisten sich Glitzer
Ich leiste mir Schnitzer
Jeder Lapsus is Luxus
Jeder Aussetzer spitzer

als glattgebügelte Blätter
als plattgeprügelte Städter
als straffgezügelt et cetera

Nenn mich Versager, ich nenn mich Verse-Sager
Nenn mich Geisterfahrer, ich nenn mich geistig Erfahrener
Nenn mich Spielverderber, ich nenn mich derb Verspielter
Ich fehler mir die Welt schön

Aus Dispo wird Disco
Aus Verlust wird verlustieren
Fiesta wird aus Fiasko
Verlieben aus Verlieren

Entschuldigung, ich komm ins Schwimmen und zwar Freistil
Erfülle glänzend meine Funktion als schlechtes Beispiel

Und ohne das Falsche gäb's das Richtige nicht
Nur die Macken im System bring' dessen Schwächen ans Licht

So kann ich aus tausenden Fehlern was lernen
Ich bin längst Professor vor lauter Buchstabendrehern

Und von Anfang bis Ende an war irgendwie eh klar:
Dieses Stück zu schreiben, war ein richtiger Fehler

Schnappschüsse
(zum Andenken an H. A.)

Nimm diesen Fotoapparat
Nimm diese Kamera
Schau wie der Spiegel sein Reflex-Spiel treibt
mit Brennweite, Blende und zweiunddreißig Gigabyte

Für die vorübergehende Schönheit, die anhaltende Zeit
sie passiert dir, sie passiert dich
im Vorbeigehen ein Blitzen, das bleibt
So erscheint sie dir und so erscheint sie allen
im Begriff zu strahlen, gleich ihr verfallen

Finde Motive, mach Fotos
Drücke den Auslöser
für die Fortfolge von hell aufbrennenden
keine Sekunde dauernden
jede Hundertstel beginnenden und endenden Momenten

Knips das
Sonne-steht-im-Gegenlicht-
adrette-Silhouette-sticht-
aus-Massen-in-der-Bahn-zur-
Morgen-Frühschicht-hervor-Jetzt

Knips das
Matt-im-Schatten-schlafen-legen
satt-und-schlapp-die-Trägheit-pflegen
rasten-und-die-Lider-zufalln
lassen-unterm-Baum-Jetzt

Knips
Beim-Blick-aus-Flugzeugfenster-
glänzt-der-Flügel-Fliegerschatten-
auf-den-Wolken-und-n-
kreisrunder-Regenbogen-drum-Jetzt

Fokussier die Fortfolge von hell aufbrennenden
keine Sekunde dauernden
jede Hundertstel beginnenden und endenden Momenten

Und so viel du auch knipst
es bleiben Pixel gebannt auf Chips

Und die vorübergehende Schönheit, die anhaltende Zeit
sie passiert dir, sie passiert dich
im Vorbeigehen ein Blitzen, das bleibt
So erscheint sie dir und so erscheint sie allen
im Begriff zu strahlen, gleich ihr verfallen

Schatzkarte

Willkommen im Labyrinth von Wegen!
Von wegen findet man den richtigen
von Wegen gibt's nichts zu erzählen
von wegen manche asphaltiert, manche blockiert

Ein Freund von mir meint:
Schlag deinen eigenen ein, begeh Gebiete querfeldein
meide breite Schneisen, beispielsweise Highways
auf den Trassen der Massen liegen plattgefahrene Hasen
an den Pfaden seiner Reisen sei'n Oasen

Doch ist das nur Gerede – von Wegen!
Von wegen – man darf nie abkommen
von Wegen die zum Ziel führen
von wegen, manche stauen sich, manche erstaunen mich

Ne Freundin von mir meinte neulich dies:
"It's not which way you go, it's the way you go it though!"
Schätze liegen jede Menge ungefunden rum
schlummern im Untergrund, verborgen im Hintergrund
doch keine Karte, die den Weg weiß, ihn weist oder beides
An Knotenpunkten, Kreiseln und Sternen liegen mächtig
viele Talente, unschätzbare Werte, wunderprächtig
Es ist nur eine Frage der Hebetechnik

Doch versteht die rein gar nichts – von Wegen!
Von wegen ohne klare Richtung
von Wegen mit Ausblick
von wegen, manche geschwungen, manche verschlungen

Ein Schnorrer in der U-Bahn meinte:
Hey! Mein Weg ist unumkehrbar, auf Schienen ohne Ticket im Tunnel
Oft entscheidet sich schon, in welchen Kreisen du dich rumtreibst
ob du auf dem Damm oder auf der Strecke bleibst

Statt Ausweg hab ich Einweg- und Mehrwegflaschen in Jutetaschen
Bitte gehen Sie weiter
hier gibt es nichts zu sehen
bitte gehen Sie weiter

Und der versteht schon was – von Wegen
von wegen alle schon betreten
von Wegen im Untergrund
von wegen, manche schocken, manche verlocken

Ich selber bin mein Leben lang am Suchen
in Spiegelkabinetten, auf Landkarten
in Spielstätten, auf Wanderpfaden
Manchmal lauf ich Gefahr, aber wenigstens lauf ich
manchmal geh ich verloren, aber wenigstens geh ich
manchmal spiel ich verrückt, aber wenigstens spiel ich

Und hab noch immer keinen Plan – von Wegen
von Wegen, die sich gleichen
von Wegen, die im Kreis führen
von wegen, manche vertraut, manche verbaut.

Und aus dem Publikum meinte neulich jemand zu mir
Es gehört gar nicht so viel dazu
man bekommt es irgendwie immer hin
Wenn man nur will, dann wartet ein Weg auf jeden
und auch mit einem harten Los geht's

Es stimmte
Es gehört gar nicht so viel dazu – so viel dazu.
Man bekommt es irgendwie immer hin – immerhin.
Wenn man nur will, dann wartet ein Weg auf jeden – auf jeden!
Und auch mit einem harten Los geht's – los geht's!

Vom Abheben

Ticket gebucht
Koffer gepackt
Pässe gesucht
Urlaub gemacht

Und wie Entdeckergeist, EC-Karte und Reise-Arznei
ist meine eine *sie* bei jedem Flugzeugstart dabei

Ob Neapel oder Nepal, ob Sonne oder Schneefall
ob Bali oder Bari, ob Strand oder Safari
individual oder mit Pauschale, Hauptsache
ich treff meine Flugsicherheitsbeauftragte
mit dem scharfen Blick einer Raubkatze

Sie
inspiziert die Taschen
und durchwühlt die Sachen
konfisziert die Flaschen
tippt versiert die Tasten
korrigiert Lidschatten
mit milder Stimme und lieblichem Lachen

Fragt ohne Verlegenheit leicht und frei
Haben Sie Flüssigkeiten dabei?

Mit dem scharfen Blick einer Raubkatze
meine Flugsicherheitsbeauftragte
in dieser Uniform, in dieser reizenden Aufmache

Keine Bräunung am Strand ohne Durchleuchtung am Fließband
Kein Sonnendeck, kein Reisegepäck ohne Taschencheck
Keine Wellen, keine Korallen ohne Kontrollen
Kein Lichtschutzfaktor ohne Metalldetektor
Dem New Yorker Urban-Glam kommt zuvor der Körperscan

Mit dem scharfen Blick einer Raubkatze
meine Flugsicherheitsbeauftragte
in dieser Uniform, in dieser strengen Aufmache

Und ohne sie flögen wir nicht
verlören wir schlicht
Bye bye schöne Aussicht
Es zögen Gewicht
und Schwerkraft uns runter ohne besagte
Flugsicherheitsbeauftragte

Die Einfachheit

Es ist morgen, von der Sonne sind die Sinne wach
Es wird ein wahrhaft warmer wunderbarer Tag
Ich recke den Rücken unter der dünnen Decke
versinke in Laken und denke:

Nichtstun würde mir guttun
und wenn sich was täte
dann tät ich beharrlich, als wär nichts
doch schwer ist das Leichtsein und Ausruhn

Ich leg die Schläfe auf das Kissen
will von wenig was wissen
döse beduselt, und draußen fliegt jetzt grad
eine Plastiktüte über die Stadt

Leichtsein könnte so schön sein
Na schön, doch vielleicht wär's
leicht leichtsinnig und schwer
Leichtigkeit allein anzupeiln

Ich dreh mich gemächlich
noch fünf Minuten, eh ich
raus muss, sind viel zu wenig

Und lief es wie geschmiert
irgendwas ist einfach immer
und nichts immer einfach
Die Einfachheit ist kompliziert
Ich steh auf, setz Kaffee auf
aus den Puschen in die Dusche
dann anziehn, das Tempo anziehn
ausm Flur durch die Tür

Und so wird nichts aus Nichtstun
da kann man nichts tun
schwer ist es, sich mal auszuruhn

Und meine Antwort auf Kästner
für Gestresste ist:

Es gibt nichts Bestes
außer man lässt es

Dot Matrix

Bevor ich zum Punkt komm
komm kurz noch elf Punkte:

Punkt 1
Der Punkt steht zwar meistens im Zentrum
doch eigentlich dreht sich alles um das Drumherum
Beim Anstoßpunkt, beim Höhepunkt, beim Erdmittelpunkt
da steht der Punkt im Zentrum
doch eigentlich dreht sich alles um das Drumherum

Punkt 2
Menschen sammeln Punkte
Punktesammelsysteme sammeln Menschen
Treuepunkte bei Tengelmann
Comfort-Punkte bei der Bahn
Karma-Punkte im Vatikan
Menschen sammeln Punkte
Punktesammelsysteme sammeln Menschen

Punkt 3
Siehe Punkt 10

Punkt 4
Nicht alles, was Punkt heißt, ist punktgenau klar
Wenn der Treffpunkt zum wunden Punkt wird
und bei T-Punkt-Punkt-com wird die Störung gestört
dann kommt der Punkt, da gibt Unsinn nur Sinn
und der springende Punkt legt ne Punktlandung hin
Nicht alles, was Punkt heißt, ist punktgenau klar

Punkt 5
Haltepunkte sind keine Punkte, die Halt geben
Punkte, die Halt geben, heißen Fluchtpunkt
Ohne Perspektive ist kein Fluchtpunkt in Sicht
Also nimm Punkt X als Fixpunkt und Punkt Z als Ziel
Mach viel dran fest, dann wird er stabil
Punkte, die Halt geben, heißen Fluchtpunkt

Punkt 6
Punkte verraten uns was:
Punkte auf dem Gehweg verraten uns, dass es von oben tropft
Punkte am Körper verraten uns, wo es juckt und wo nicht
oder vielleicht doch. Punkte im Satz verraten uns
wann man mit der Stimme heruntergehen soll
Punkte verraten uns was

Punkt 7
Die Pointillisten konnten mit Punkten punkten
doch nicht jeder, der Punkte tippt, punktet
Das Kleid ist gepunktet
Der Basketballspieler hat gepunktet
Der Masernkranke wurde gepunktet
und nicht jeder, der Punkte tippt, punktet

>>>

Punkt 8
Jeder Punkt steht mit jedem Punkt in Beziehung
und keine Beziehung ist auch eine Beziehung

Punkt 9
Auch Powerpointer kommen nicht immer zum Punkt

Punkt 10
siehe Punkt 3

Punkt 11
Uhr morgens habe ich diesen Text verfasst

Aber der eigentliche Punkt ist doch:
Wie Nummern beim Malen nach Zahlen verwandelt
sind Punkte die Pixel im großen Gesamtbild
Wie Nummern beim Malen nach Zahlen verwandelt
sind Punkte die Pixel im großen Gesamtbild

Ein Dominospiel

Wenn Kirschblütenblatt auf Kirschblütenblatt fällt
und Licht geballt auf den Solarzellenwald prallt
und länger als im Süden die Stadt erhellt, beginnt schon
die Schlüsselreizdominokettenreaktion

Kleiner Anstoß zum Ende ganz groß

Wenn galant elegante Bewegungen verlangsamt erscheinen
und Farben den Formen von nah dran ganz andern Glanz verleihen
beginnt mit Tippen auf Tasten am Telefon
ne neue Schlüsselreizdominokettenreaktion

Kleiner Anstoß zum Ende ganz groß

Wenn die oder der, der die Tür aufhält, süß auffällt
und das Gemüt aufhellt und es sich hochschaukelt
beginnen überall zur gleichen Zeit viele Millionen
kleine Schlüsselreizdominokettenreaktionen

Kleiner Anstoß zum Ende ganz groß

Wenn sich kleine Eitelkeiten beim Durch-die-Straßen-Streifen streifen
und sich Flirtende beim Flanieren flankieren und ausschweifen
startet ne leicht bekleidete von Blicken begleitete
angestoßene Provokation die nächste
Schlüsselreizdominokettenreaktion

Kleiner Anstoß zum Ende ganz groß
Eine Kette aus Neuronen, Elektronen und Hormonen
und keiner hält se
bis zur Kernschmelze

**Die Handlung und alle handelnden Personen sind frei erfunden.
Jegliche Ähnlichkeit mit lebenden oder realen Personen ist rein zufällig**

Es war einmal ein Automat

der sah von außen schlicht aus

und wenn man kräftig gegen trat

kam unten ein Gedicht raus

Ein Rätsel

Bei Dunkelheit und Nacht ziehn
wir los. Wir bleiben wach, spieln
Ich sehe was, was du nicht siehst
und du siehst was, was ich nicht seh
Wir sehen was, was wir nicht sehn
und stehn vorm ersten Phänomen

Man kann hindurchschauen
kann's aber nicht durchschauen
Man kann's greifen
doch nicht begreifen
Keiner steigt da durch
aber Neid steigt dadurch

Es beginnt mit P
bewacht von Kameras
Jemand flüstert: Hee,
es geht um ꙅɒlgɿɘznɒꟼ!

Bei Dunkelheit und Nacht ziehn
wir los. Wir bleiben wach, spieln
Ich sehe was, was du nicht siehst
und du siehst was, was ich nicht seh
Wir sehen was, was wir nicht sehn
und stehn vorm nächsten Phänomen

Leicht wie Luft
milliardenschwer
Großdatenträger
vollkommen leer
Unverkäufliches Allgemeingut
und verkauft sich allgemein gut

Es beginnt mit F
und ist unbegrenzt
Jemand flüstert: Hey Chef,
es geht um Funktionsquer!

Bei Dunkelheit und Nacht ziehn
wir los. Wir bleiben wach, spieln
Ich sehe was, was du nicht siehst
und du siehst was, was ich nicht seh
Wir sehen was, was wir nicht sehn
und stehn vorm letzten Phänomen

Unauffindbar
doch unüberwindbar
Geleckt, verdeckt, geschickt
lenken sie die, die denken sie lenken
Ungemein praktisch
praktisch und gemein

Es beginnt mit M
Im Schleier von netten Reden
Jemand flüstert: Ähem,
es geht um Marionettenfäden!

Und überall
und über all dem
da siehst du was, was ich nicht seh
Es gibt Wärme, Hoffnung, Reichtum und Schnee
Es steht dadrüber
und beginnt

mit G!

Zeitlupe

Immer beim Verkehrsfunk
denk ich an diese Begegnung
Bild für Bild, Foto für Foto
spielt der Abspielkopf im Kopf
die Szene in Slomo
Zeitlupe auf Schnellstraße

noch 10 Sekunden
Kamera-Superzoom
Kraftfahrer GG ZB 1010
immer überm Limit
Job am Fließband
Freizeit auf Laufband verrannt
Schnellimbiss, Topbonuspunktaspirant
nächste Ausfahrt Flatrate-Parade
blinkt links, lenkt blindlings rüber
Überholspur purpurner Wagen
kann passiern
Immer beim Verkehrsfunk
denk ich an diese Begegnung

noch 9 Sekunden
Schulterblick auf Frau
Honda Civic metallicblau
Insassin is Inkassobusinessbossassistentin
Absatz für Umsatz, Fuß am Gas
Hand am SMS senden
Aufträge, Verträge, Beträge, Aufschläge
Gegen träge Beine helfen Umschläge
Wackeldackel nickt neckisch am Heck
Nächster Stopp: Backshop
Immer beim Verkehrsfunk
denk ich an diese Begegnung

noch 8 Sekunden
Honda-Frau Rückspiegelflirt mit Banker
zwischen Termingeschäft und Geschäftstermin
Hand immer am Lenker
am Handgelenk tickt Cartier
wortkarges Gehabe trotz Freisprechanlage
folgt Fantasie mit Navi
Immer beim Verkehrsfunk
denk ich an diese Begegnung

noch 7 Sekunden
Laster nimmt Last-Minute-Last mit
LKW mit Vorsprung
Just-in-time-Lieferung
zum Logistikzentrum links rum
Fracht über Nacht
doch Fahrer noch wach
dank Durchhaltegedudel
und rotem Bullen in Pullen
Immer beim Verkehrsfunk
denk ich an diese Begegnung

noch 6 Sekunden
Kombi auf 3 Uhr
Großeinkauf in Kofferraum verstaut
kompakt verpackte Schnellkost
geschockfrostet im Schlafrock
vollwertig, mikrowellenfertig
Immer beim Verkehrsfunk
denk ich an diese Begegnung

>>>

noch 5 Sekunden
Zeitarbeiterin beschleunigt
will schnell noch Geld holn
da schellt schon ihr cell phone
Guthaben 20 Freiminuten
Immer beim Verkehrsfunk
denk ich an diese Begegnung

noch 4 Sekunden
Aus fahrendem Wagen wagt
Poet in Hektik den Blick zurück
Immer beim Verkehrsfunk

noch 3 Sekunden
Rechts liegen Raststättenreste

noch 2 Sekunden
Anhalter winken am Standstreifen

noch 1 Sekunde
Wenn möglich, bitte wenden

noch 0,3 Sekunden
Zwei fremde Autos,
ein kurzes Blitzen,
die Haube, die Splitter, der Knall

Was war das?
Es hat gefunkt
beim Speeddating in Schwäbisch Hall

Driften

Sie treiben unaufhaltsam frei dem Meer entgegen
vom Ursprung bis zur Mündung durch ihr Bett
Im Strom der Ströme ewig sich bewegen
ist aller Flüsse schlüssiges Konzept

Sie preschen weit gereist in unsrer Badebucht
am Ufer überschlagen in ihr Ziel
Sie tragen uns auf Kronen ihrer Wogenwucht
im reflektierten Flüssiglichterspiel

Sie schieben sich im Pulsschlag durch die Blutbahn
Milliarden Kapillaren schön durchströmt
Bis in die Fingerspitzen fühlt sich gut an
was da so wellenweise wunderbar verwöhnt

Sie strahlen in Verbindung hell zu gleicher Zeit
last minute einmal Weltall und zurück
Distanzen überwinden sie mit Leichtigkeit
Den Strom der Ströme lenken sie zum Glück

nachtleben / nachbeben

je dreckiger, dicker, fetter
je dekadenter die fete
desto haariger am tag danach
desto gestiefelter der kater

zieh anna schi scha
nimm ba ka di ki ba anna ba
ti ki la ba ti da di ko ka na bis denne denn,
go go chi ka di va a la ba bi ta tu tü pi
wo ni wo pa tu ta bu wa a ba pa ti ni
kaputter, kaputter, kaputter, kaputter

die jungs: bagger bagger
bagger bagger bagger!
die mädels: dusche ma, dusche ma
dusche, dusche ma kalt!

je verpulverter, verballerter
je mehr aufn kopf gehaun
desto haariger, am tag danach
desto gestiefelter der kater

schraub den rausch rauf
pauschal aufgebauscht
bau dicke klötze, staun bauklötze
bagger buddel di be tong burg y tong an y tong
ein hoch auf dicke ge bäu de
ge winne ge winne ge winne ge winne

die einen: pumpen und pumpen
und pumpen und pumpen!
die andern: saugen und saugen
und saugen und saugen

je dreckiger, dicker, fetter,
je dekadenter die fete
desto haariger am tag danach
desto gestiefelter der kater

Gesteinschichten

Papier wickelt Stein ein
Stein gibt der Schere Schliff
Schere schneidet Papier klein
Pro Handzeichen ein Begriff

Stein, Papier, Schere
Stein

nur Stein
grau, rau, groß grobes Geröll
schroffer Rock-Brocken-Bruch
kantiges Kliff-Riss-Gesplitter
Schutt und Schotter
Nur Stein. Das ist alles. Nur Stein

Ein Mosaiksteinchen
ein erster Baustein
ein Steinbaubaustein
– ein ganzer Steinbau!
Rekonstruktion:
Hier die Wände, da Gewölbe, da Gehwege, da Wagen
drumherum Landnahmen, Kampfansagen, Anlagen
Handel, Reichtum, Rausch und Prügelein
Nur Stein. Das ist alles. Nur Stein

Blick auf das Felsmassiv
Zoom in die Bruchkanten
Oberflächenlaserscan
entsende Sonden in Unterseegegenden
flieg Oktokopter über Terra incognita
finde Legenden im Gelände
Geschichten in Gesteinschichten,
Schächten und Schluchten

An Riffen tauchen Schiff und Mauern auf
Stich in See, fahr vor – zurück zu Vorfahren und Urahnen
Dreh den großen Chronometerdreh aus seinen Bahnen
Fühl den Puls erstarrter Lavaaderschläge beben
und schöpf aus heißen historischen Quellen Leben

Und der Granit, auf den wir oft zu stoßen schein'
ist insgeheim vielleicht der nächste Meilenstein
Und der Granit, auf den wir oft zu stoßen schein'
ist insgeheim vielleicht der nächste Meilenstein

Papier, Schere, Stein
Papier

nur Papier
weiß, bleich, schnell aufgeweicht
brennbar, leicht zu zerreißen – ein Wisch
bekritzelte Skizzenzettel
zerknitterte Schnipselblätter
Nur Papier. Das ist alles. Nur Papier

Urkunde von uralter Kunde
niedergeschrieben und liegengeblieben
ein Abkommen, ein Ab-jetzt-Vorankommen
Rekonstruktion:
Hier der Schauplatz,
da an der Stelle, da stelln die Darsteller
das Dasein von damals dar
Nur Papier. Das ist alles. Nur Papier

>>>

Blick in die Archive
Entschlüssel die Codes
Lies die Schinken, schmecke das Fleisch
Tanze Wälzer Band für Band
vom Stimmband durch Klang zum Verstand
Wesen hüpfen mit einem Satz aus Zeichen und Sätzen
setzen sich in Gang in Häfen und Marktplätzen
entspringen dem Spalt zwischen Fakt und Fiktion

Bilden sich, lehren sich, verehren sich, mehren sich
pflanzen sich fort – bis heute – schau neben dich
Fisch im Strom der Ströme
Wer forscht, der findet sich

Und mögen Schriften oft auch Rätsel sein
gelöst sind sie der nächste Freifahrtschein
Und mögen Schriften oft auch Rätsel sein
gelöst sind sie der nächste Freifahrtschein

Schere, Stein, Papier
Schere

Schnitt!

Ein Sommertagtraum

Ein heißer Schleier liegt über der Stadt
Klar, dass eigentlich nur
ne winzige Kleinigkeit Schuld daran hat
– die Temperatur

Im Eisgeschäft drängeln sich gierig die Massen
sie stürmen den Tresen in Aufruhr
kollapsen vor Hitze und japsen nach Frische
Das kommt von der Temperatur

Polarkappen tauen und Flüsse verdunsten
die Kugel Vanille zerfließt
im Laden da blinzeln und funkeln die Blicke
Die Temperatur macht all dies

Am Limit sind Tiefkühl- und Klimaanlage
der Ventilator dreht auf
verzwickelte Lage, die Nachfrage steigt
Die Temperatur macht das auch

Geräte am Kühlen und Drähte am Glühen
schon schmilzt das süße Zeug
der Eismann und alle Versammelten fliehen
Die Temperatur brennt durch

Beschleunigte Teilchengeschwindigkeit bringt
Moleküle in Karambolage
Mit Schnelligkeit, Anstoß, Beschleunigung schwingt
die Temperatur sich in Rage

Ich sehe vernebelt und weiß nur noch wage
im Traume in tollsten Wolken
ist gestern wohl irgendwann mitten am Tage
ein Eisgeschäft geschmolzen

So oder so

Im Spiegel, hinter Glas oder im Fokus
Am Strand, auf der Straße oder in Dokus

Jede Enthüllung will verpackt sein
Sie stellt sich nur Ausschnittsweise dar
Und sollten Tatsachen mal nackt erschein
fällt lieber schnell wieder der Schleier

Jede Verpackung will enthüllt sein
und jeder Traum desillusioniert
Und wenn Erwartungen erfüllt bleiben
ist leider nichts Überraschendes passiert

Im Marco Polo, Lonely Planet oder Baedeker
In der Stadt, auf dem Land oder bei Edeka

Alles Versteckte will entdeckt sein
für Insider sichtbar von außen
Was als Geheimtipp erscheint
ist morgen schon von Massen überlaufen

Jede Entdeckung will versteckt sein
verborgen in Dunst und Geheimnis
und sollte jemand sie hinausschrein
dann erfinde drumrum noch was Eignes

Im Blick, in der Geste oder in Animo
In der Mimik auf der Bühne oder im Radio

Jeder Code will genackt sein
entschlüsselt, sichtbar, klar
so bleiben Fakten rein
und Zauber nicht wahr

Und jeder Knack will codiert sein
Man braucht sie nicht zu nennen
um Dingen Schein zu verleihn
für alle, die die Formel kennen

Ansichten einer Stadt
(für Kazim Erdogan)

Stadt aus Steinen
Stadt aus Geld
Stadt aus Millionen kleinen
Fenstern zur Welt
Ich schau durch Blümchengardinen
seh Schrankwand an Schrankwand
und Hinterhofkinder liebkosen ihr
Viskosetier im Fantaland

Und wenn sie schläft – die kalte Stadt
schleicht Menschlichkeit sich heimlich ein
Sie bringt im Namen schlichter Bürger
tausend Morgen Sonnenschein

Wo Menschen mit Mitmenschen
für Fürsorge sorgen
und sich fürs Für-Anderer-Dasein-da-sein
Geborgenheit borgen

Wo sonst in wunderbaren Worten die Sprecher Übel verbreiten
hört man dann oberübel formulierte Wunderbarkeiten

Haus aus Beton
Haus aus Stahl
Haus aus tausend Tonnen
Aufbaumaterial
Ich schau durch Jalousien
seh TV und Vitrinen
Hausfrauen wienern
am Boden auf Knien

Und wenn sie schläft – die graue Stadt
schleicht Nachbarschaftlichkeit herein
strebt nicht nach barschaftlicher Keit
Sie spielt statt Geld sich selber ein

Und jeder schafft was,
was Gemeinschaft schafft
und die Gemeinschaft schafft, dass anstatt
zusammenzuklappen, zusammen alles klappt

Wo sonst in blumigen Worten Plakate Falsches verbreiten
liest man dann farbig an die Wand gemalte Wahrheiten

>>>

Büros aus Kabeln
und Aktenmassen
aus Zahlen, Fakten
und Kaffeetassen
Ich schau durch Panzerglasscheiben
seh dahinter Wirklichkeit
Man bangt bei der Bank um Kreditwürdigkeit.

Und wenn sie schläft – die dunkle Stadt
schleicht Nächstenliebe heimlich rein
sie bringt demnächst den' Liebe, die
kein' Spaß ham am Alleinesein

Wo in HD gestochenscharf sonst Superhelden schweben
sieht man dann rauschend wackelig mal echtes Menschenleben

Und wenn sie schläft – die alte Stadt
da schleicht Zusammenhalt sich näher
Und weil zusammen halt mehr klappt
kommt mehr und mehr mehr Mehrwert her

Und offen bleiben viele Fragen
Die Antworten verklingen leer
So leicht es fällt, ein' Satz zu sagen
so sehr ist Einsatz zeigen schwer

Und offen bleiben viele Fragen
Die Antworten verklingen leer
So leicht es fällt, ein' Satz zu sagen
so sehr ist Einsatz zeigen schwer

Weltverbesserer

Ich finde, weil ich gut nicht gut genug find
das Beste nicht schlecht und Perfektes so lala
gut die Hälfte aller Güter ist verbesserbar

Wo bleibt die Automatikfensterscheibenputzmaschinerie
wo die Joghurtbecherdeckeleinreißschutztechnologie
Wo bleibt die Haustürschlüsselselberwiederfindungsautomatik
und wo der Bestefreundschafteinfachwiederherstellungsklick

Das wäre doch der Hammer

Alles muss noch bisschen besser
Alles soll noch bisschen toller

Ich finde, weil ich gut nicht gut genug find
das Beste nicht schlecht und Perfektes so lala
gut die Hälfte aller Güter ist verbesserbar

Wo bleibt das Hilfsautomatenerklärhilfeprogramm
wo der Waschmaschinensockenpärchenwiederfindungsplan
Wo bleibt der Aufzugintegriertetreppensimulatorstepper
wo der Autopannenwrackfahrzeugsuperselbstabschlepper

Das wäre doch der Hammer
Das wär der Abschuss

Alles soll noch bisschen toller
Alles kann noch bisschen krasser

Ich finde, weil ich gut nicht gut genug find
das Beste nicht schlecht und Perfektes so lala
gut die Hälfte aller Güter ist verbesserbar

Wo bleibt die Genmaisintegriertephenylalaninquelle
wo die Kurznachgarantieablaufkaputtgehsollbruchstelle
Wo bleibt die Aftershaveaftershaveafterlotion
wo die Updatevomupdatevomupdatefunktion

Das wäre doch der Hammer
Das wär der Abschuss
Das wär der Killer

Alles kann noch bisschen krasser
Alles darf noch bisschen dicker

Ich finde, weil ich gut nicht gut genug find
das Beste nicht schlecht und Perfektes so lala
gut die Hälfte aller Güter ist verbesserbar

Wir brauchen die
Selbstschutzvorschmutzundschundselbstschussanlage
Wir brauchen das Adapterspezialsteckerumwandlungskabel
Wir brauchen die AbkürzungsverlängerungsabkürzungAKZVLAKZ
und das Freizeitzeitvertreibvertreiberfürmehrfreiezeitinderfreizeit-Set

Das wäre doch der Hammer
Das wär der Abschuss
Das wär der Killer
Das wär die Bombe
Das würde abgehen wie nichts Gutes

Klebstoff

Dich konnt ich schon im Kindergarten
zum Bau von Traumwelten verwenden
mit Blumen und Sternen, die ich ausschnitt
dann trug ich dich auf Händen – Oh UHU!

Oh UHU, ich trug dich im Schultornister
auf Schleichwegen, Plätzen und Straßen
Oh UHU, einmal bist du ausgelaufen
das gab dann so durchsichtige Klumpen mit Bläschen

Oh UHU, du warst mein Lösungsmittel
wenn was in Scherben zerbrach
und wenn du verstopft warst, oh UHU
dann half ich mit einer Nadel nach

Oh UHU, jetzt stehst du auf meinem Bürotisch
Oh UHU, bei deiner krassen Haftkraft
Mach, dass ich mit dieser Frau zusammenbleib
Oh UHU, du weißt doch, wie man das macht

Oh UHU, oh UHU, oh UHU!
Mit geruchsneutraler Zweikomponenten-
Binder-, Härter-, Antitropf-
Wärmefest-, Vielzweck-, Kontakt-Klebefunktion
Mach, dass ich mit dieser Frau zusammenbleib

Oh UHU, jetzt trennen wir uns schon!
Oh UHU, oh UHU, oh UHU, oh UHU!
Mein Leben zersplittert in Teile
Oh Pattex, oh Scotch, oh Tesa, oh Pritt

Bitte macht mir die Welt wieder heile!

Lobgesang

Oh du Wachs von Oropax!

Geschmeidig sei deine Watte!

Dein Reich komme!

Deine Stille entstehe!

Sommerregen – Sonderregeln

Ohne Regen im Sommer
könnte man sich im Schutz von Dönerläden
mit blumigen Worten
das Wetter nicht schöner reden

Ohne Regen im Sommer
gäb's keinen Matsch zum Manschen
für Kinder keine Pfützen zum Platschen

Mit Regen im Sommer
können Freibäder Wasser sparen
und die Fauna überlebt
ohne Waldbrandalarm

Und Regen im Sommer
schützt die Schirmindustrie
Ein Schutzschirm für die Schirmwirtschaft
für Capes und Mäntel quasi

Ohne Regen im Sommer
wären Kinos leer
und Planetarien unentdeckt
auf der Straße keine T-Shirts
mit Wet-Look-Effekt

Ohne Regen im Sommer
Kein Aufatmen für die in weite Ferne Fliegenden
und keine Postkarten an die neidischen Daheimgebliebenen

Regen im Sommer
bringt fruchtbar schöne Böden
statt furchtbar blöde Einöden
saftige Wiesen statt siffige Wüsten

Ohne Regen im Sommer
hätten wir noch mehr Touristen
Gäste, Besuch et cetera
und kein Wetter zum Lästern
für notorische Meckerer

An Sonne im Sommer ist
wie an Klischees glauben
So'n schöner Regenschauer führt
reine Wahrheit vor Augen

Ohne Regen im Sommer
könnte man sich im Schutz von Dönerläden
mit blumigen Worten
das Wetter nicht schöner reden

Wir könnten – wie's kommt
das Wetter genießen
und scheint mal die Sonne
dann sollten wir das begießen!

Vom Anbau

Ist es heiß und nichts geht
nichts bewegt sich, nichts dreht sich
man wartet, dass was startet
während flimmernde Luft grad zur Flaute ausartet
dann schau, dass du was tust, denn
wenn kein Wind weht, musst du pusten

Beacker die Erde
Lenke die Flüsse
Pflanze die Kerne
Pflücke die Früchte

Bei Glut, Wüste und Schlappheit
Nässemangel und Wasserknappheit
wenn Gärten im Hitzeglanze strahln
von ner Walze überfahrn
dass alle platt sind
dann pflanz neu an und lass es wachsen

Beacker die Erde
Lenke die Flüsse
Pflanze die Kerne
Pflücke die Früchte

Bei Trockenheit und Trägheit
Dürre, Sperren und Starre
wär Bewässerungsfähigkeit
Verbesserungssache
Zeit Konsequenz zu ziehn
und ist der Rasen trocken, spreng ihn

Beacker die Erde
Lenke die Flüsse
Pflanze die Kerne
Pflücke die Früchte

Schau, dass du was tust, denn
wenn kein Wind weht, musst du pusten
die Konsequenz ziehn
und ist der Rasen trocken, spreng ihn
Und für die, die kein Klatschmohn
keine Kornblumen und kein Flaks kenn'
pflanz was an und lass es wachsen

II
Neonomade

CDNR	TITEL	SEITE	MINUTEN
0022	Die Macht der Sprache	58	00:57
0023	Babylon 2.8	59	00:53
0024	Dran glauben	60	01:13
0025	Bekommbar	62	00:54
0026	Merktext	63	00:57
	Popopfer	64	
	An all meine Egos	66	
0027	Freiheit im Quadrat	67	00:50
0028	Alles in allem	68	02:00
	Muss ja	70	
0029	Solang	71	00:28
0030	Vermischtes	72	01:59
	Das Drumherum	74	
0031	In Bahnen	75	00:34
0032	Vom Vorteil des Malers	76	00:47
0033	Die Sache mit dem Ding	77	00:12
0034	April 2004	78	00:14
	Die drei Jahreszeiten (1999):		
0035	Sommersonne	80	01:30
0036	Diesige Tage	82	01:35
0037	Cooler Winter	84	02:07
	Ansichten	86	

Die Macht der Sprache

Und lerne ich eine Sprache neu kennen
dann lehrt mich die Sprache, mich neu zu kennen

Das macht die Sprache – die Macht der Sprache

Und glaube ich, ich beherrsche meine Sprache
beherrscht womöglich meine Sprache mich

Das macht die Sprache – die Macht der Sprache

Und denke ich, ich spiele mit meiner Sprache
dann spielt noch viel mehr meine Sprache mit mir

Das macht die Sprache – die Macht der Sprache

Und erweitert der Mensch seine sprachlichen Möglichkeiten
dann erweitert die Sprache die menschlichen Möglichkeiten

Das macht die Sprache – die Macht der Sprache

Und wenn ich meine Sprache verkommen lasse
dann lässt am Ende meine Sprache mich verkommen

Das macht die Sprache auch – die Macht der Sprache

Und liebe ich meine Sprache
dann liebt ganz sicherlich die Sprache mich

Das macht die Sprache – die Macht der Sprache

Und wenn ich denke, ich spreche jetzt hier über die Sprache
dann spricht die Sprache eigentlich viel mehr noch über mich

Das macht die Sprache – ich kenn die doch!

Babylon 2.8

Berlin, Paris, London, Ballermann, Balaton
Wir leben in Babylon 2.8
Reden wie im Mythos – verdreifacht geregeltes Mediengerede
und speisen's in Festplatten, Köpfe und Geräte
So wie in Babel in der Bibel lieben People die Piepen
und die, die dienen, verdienen viel weniger, als sie verdienten

Google mal Babylon! Babel mal Googylon
Bubblegum, Goodie, Booty, Party on, Babylon!

Während wir Wörter wie Werte verwirren
werden wagenweise Waren vertrieben. Und im Gehirn
platzen Dotcom-Hypotheken-Sprechblasen wie Pustefix
Komplett Geplättete fragen mich, warum tuste nix.
Propaganda geht runter wie Öl und rauf wie Ölpreise
nur wer sich selbst umschaut, wird auf seine Weise weise

Google mal Babylon! Babel mal Googylon
Bubblegum, Goodie, Booty, Party on, Babylon!

Bubble ma goodylon! Goody ma Babylon
Berlin, Paris, London, Ballermann, Balaton

Dran glauben

Häng deine Hoffnung an ein Plastikschwein made in Taiwan
häng deine Hoffnung an ein' Pflasterstein und andern Kleinkram
Zur Show gibt es Kitsch
zum Popstar das Image
zur Schönheit die Bräunung
zum Glück gibt's die Täuschung

Also:
Dran glauben!
Kram kaufen!
Augen schließen!
Den Schwindel genießen!

Häng deine Ziele an den Masterplan von Microsoft
häng deine Ziele an die Straßenbahn zum Luxusloft
Zum Reichtum gibt's Schätze
zum Brechen Gesetze
zur Unschuld die Leugnung
zum Glück gibt's die Täuschung

Also:
Dran glauben!
Kram kaufen!
Augen schließen!
Den Schwindel genießen!

Häng deine Träume an die Funknetze der Telekom
häng deine Träume an Goldschätze und Pokémon
Zur Ware gibt's Werbung
zum Blondieren die Färbung
zum Traum gibt's die Deutung
zum Glück gibt's die Täuschung

Also:
Dran glauben!
Kram kaufen!
Augen schließen!
Den Schwindel genießen!

Häng deine Wünsche an die Serien auf ProSieben
häng deine Wünsche an die Ferien und ans Verlieben
Zur Liebe gibt's Treue
zum Fremdgehen die Reue
zum Schmerz die Betäubung
zum Glück gibt's die Täuschung

Wir müssen dran glauben!
Kram kaufen!
Augen schließen!
Den Schwindel genießen!

Bekommbar

Bekommbar auf den Grabbeltischen der Großstadt
bekommbar von der Stange der Straßenstände
bekommbar in den Restposten der Grossisten
bekommbar im Doppelpack
bekommbar, bekommbar, bekommbar, bekommbar!

Der Content für die Leere deiner Rohlinge:
Angelina Jolie, Agatha Christie, E.T.
Winnie Puuh, Winnie Mandela, Windows & Winnetou
shaved bush, George Bush, Bullshit

Bekommbar an der Tanke
bekommbar beim Bringdienst
bekommbar im Zehnerpack
bekommbar, bekommbar!

Daten für das Breitband deiner Glasfaser:
Che Guevara, Manchego, Chihuahua, Chupa Chups
Wienerwald, Weep Not Child, Gina Wild, berlinerWald
Leporello, Labello, Libido, Lido, La Bomba

Bekommbar am Schalter
bekommbar am Spender
bekommbar im Zehnerpack
bekommbar, bekommbar, bekommbar, bekommbar!

Call a pizza! Call a taxi! Call a girl!
Call a Gedicht!

Merktext

Man merkt nichts mehr!
Nichts merkt man mehr!
Und keiner merkt, dass man nichts merkt
denn keiner merkt, dass da was Merkwürdiges wär

Trotz hochdosiert geschmacksverstärkter Sättigungsbeilage
trotz porentief wirkstoffkonzentrierter Signalfarbe
trotz perlgenoppt gefühlsechter Schlüsselreizanlage
trotz rundumautomatisierter Wellness-Oase

Man merkt nichts mehr!
Nichts merkt man mehr!
Und keiner merkt, dass man nichts merkt
denn keiner merkt mehr, dass da was Bemerkenswertes wär

Und komprimierte Subwooferfrequenzen wolln dich rocken
und aufgehübschte Modefotomodels solln dich locken
und fitgespritzte scharfgemachte Sinne wolln dich foppen
und überlebensgroße Superschnitten solln das toppen

Man merkt nichts mehr!
Nichts merkt man mehr!

Und keiner merkt, dass man nichts merkt
denn keiner merkt, dass da was wär

Ein Apfel, ein Blick, ein Text, ein Trick
oder sonst irgendwas

Ich merk mir das

Popopfer

Willkommen im großen Karaoke, das wir Leben nennen!
Mit Klatsch, Abklatsch und Gummistars
Für zusätzliche Dienste können Kosten entstehen
Zur Begrüßung als Gimmick Strassaccessoires

Wir sind genau so schön wie die
die so schön sind wie wir!
Wir sind genau so klug wie die
die so klug sind wie wir!
Wir sind genau so dumm wie die
die so dumm sind wie wir!
Und wir sind genau so sexy wie die
die so sexy sind wie wir!

Popopfer, ja ja
Popopfer, ja ja

LED-Flimmern synchron zum Takt
der umwerfenden Lightshow von PolyStars
Flashbannerflackern im Monitor
Zwei Zugaben in Paragraph drei des Vertrags

Wir sind genau so glatt wie die
die so glatt sind wie wir!
Wir sind genau so gut wie die
die so gut sind wie wir!
Wir sind genau so Chef wie die
die so Chef sind wie wir!
Und wir sind genau so fertig wie die
die so fertig sind wie wir!

Popopfer, ja ja
Popopfer, ja ja

Gefühlsüberbleibsel im Dunst der Nebelmaschinen
Knallkörper, Sprengkopf, geladene Stars
Hingerissen vom Beifall, einsame Spitze!
Im Blickwinkel der Überwachungskameras

Wir sind genau so klar wie die
die so klar sind wie wir!
Wir sind genau so taff wie die
die so taff sind wie wir!
Wir sind genau so nett wie die
die so nett sind wie wir!
Und wir sind genau so plastik wie die
die so plastik sind wie wir!

Popopfer, ja ja
Popopfer, ja ja

Dann glitzernde Glücksfetzen im wirbelnden Wirrwarr
Funkelnde Glitter-Partikel versprengter Halbstars
Entzückungen zu Zuckungen, Schmuckschutt zerschmettert
Luftschlosskulissen zerrissen, das war's

Ja ja
Ja ja

An all meine Egos

Tickt im Rhythmus! Tag-Nacht-getaktet
Keine Zeitzonen, weil weltweit die gleiche
Da ist nix mit Jetlags
Dies ist ein Blindtext

Unbegrenzte Freiminuten in alle Netze
Von male auf female kompatibel
Für den Rest da habta Adapter
Taxis, Bankomaten und Rezepte

Jeder Content on demand omnipräsent
Lasst was kommen, bei Bedarf
Versichert euch, seid erreichbar!
Dauernd auf Empfang ohne Einschaltzeiten

24 / 7 / 31 / 12 /
Seid organice Managemenschen
Immer verplant
Bis zum nächsten Vibrationsalarm

Freiheit im Quadrat

Ich malte über den Blockrand
und schlug über die Stränge
Ich war umgeben von Grenzen
und sprengte die Enge

Dann fand ich meine Freiheit im Quadrat
Dann fand ich Vielfalt im Standardformat

Man will ja keine Freiheit
man will ja Sicherheit
Man will bloß etwas Spielraum
in dem bisschen Freiheit bleibt

Man will ja keine Freiheit
man will ja Sicherheit
Man will bloß etwas Spielraum
in dem bisschen Freiheit bleibt

Ich hatte Multitalentose
und litt an Nonkonformie
Ich hatte Vielseitingitis
und ne Normalallergie

Dann fand ich meine Freiheit im Quadrat
Dann fand ich Vielfalt im Standardformat

Man will ja keine Vielfalt
man will ja, was man kennt
Man will bloß etwas Abwechslung
die man dann Vielfalt nennt

Man will ja keine Vielfalt
man will ja, was man kennt
Man will bloß etwas Abwechslung
die man dann Vielfalt nennt

Alles in allem

Im Kino kann man all die Dinge in groß angucken
die man sonst nur in klein oder gar nicht angucken kann
Im Kino kann man was erleben, ohne sich zu bewegen
Im Kino kann man Spaß haben, auch wenn der Film schlecht ist
Und das Beste am Kino ist, dass auch du ein Teil vom Kino bist

In Anbetracht dessen und ganz allgemein
kann man sagen, im Großen und Ganzen
ist alles in allem das Kino nicht schlecht
Aber schau mal: dagegen die Großstadt!

In der Großstadt wohnen hauptsächlich Großstädter
Aus der Großstadt kann man jederzeit ins ländliche Umland fliehen
In der Großstadt kann man anonym bleiben
ohne dass es überhaupt jemand bemerkt
Und das Beste an der Großstadt ist
dass auch du ein Teil der Großstadt bist

Und außerdem enthält halt
die Großstadt sowieso schon Kino

In Anbetracht dessen und ganz allgemein
kann man sagen, im Großen und Ganzen
ist alles in allem das Kino nicht schlecht
und auch alles in allem die Großstadt nicht schlecht
Aber schau mal: dagegen die Welt!

Die Welt ist so wunderbar
dass sich sogar eine Zeitung nach ihr benannt hat
Die Welt schenkt uns ihre Schätze
obwohl wir sie täglich mit Füßen treten
Die Welt übt auf all ihre Bewohner
eine ganz besondere Anziehungskraft aus
Und das Beste an der Welt ist
dass auch du ein Teil der Welt bist

Und außerdem enthält halt
die Welt all die Großstädte sowieso und Kino

In Anbetracht dessen und ganz allgemein
kann man sagen, im Großen und Ganzen
ist alles in allem das Kino nicht schlecht
und auch alles in allem die Großstadt nicht schlecht
und auch alles in allem die Welt nicht so schlecht
Aber schau mal: dagegen das Weltall!

Das Weltall ist einfach das Größte
Das Weltall ist so großartig und so unerforscht
dass man noch gar nicht weiß
wie großartig und wie unerforscht es eigentlich ist
Und das Beste am Weltall ist, dass auch du ein Teil vom Weltall bist

Und außerdem enthält halt das Weltall die Welt
all die Großstädte sowieso und Kino

In Anbetracht dessen und ganz allgemein
kann man sagen, im Großen und Ganzen
ist alles in allem das Kino nicht schlecht
und auch alles in allem die Großstadt nicht schlecht
und auch alles in allem die Welt nicht so schlecht
und auch alles in allem das Weltall nicht schlecht
Aber schau mal: dagegen die Liebe!

Muss ja

Durch Städte streichen
Straßen bleiben die gleichen

Anträge einreichen
Wege bleiben die gleichen

Rechnungen begleichen
Ziele bleiben die gleichen

Nichts erreichen
Mienen bleiben die gleichen

Jahre verstreichen
Mauern bleiben die gleichen

Farben verbleichen
Steine bleiben die gleichen

Geschichten weichen
Ziegel bleiben die gleichen

Am Himmel das übliche Hoffnungszeichen

Solang

Solang man sich nicht langweilt
solange man sich immer nice stylt
solange schön alles gerecht verteilt bleibt
so lange halten wir uns in Kneipen bereit

Solang jemand im Fernsehn strippt
solang die Stimmung auf der Straße nicht kippt
solang es keinen Grund für Proteste gibt
so lange halten wir den Körper mit Nestlé fit

Solange es uns gut geht
solange man im Wohlstand lebt
solange kein Grund für Revolten besteht
so lange lauern wir diskret vorm TV-Gerät

Vermischtes (für J. B.)

Einzelschicksale komm in die Presse
Geiselskandale komm in die Presse
Mairandale kommt in die Presse
Und eingefangene Funksignale kommen in die Presse

Mit Auflage und Headline
Aufhänger und Deadline

Riesenaquarien komm in die Presse
Spiele in Stadien komm in die Presse
Krisenszenarien komm in die Presse
Und sprießende Geranien kommen in die Presse

Im Abonnement
Mit Geschenkebon

Lobbyinteressen komm in die Presse
Hobbyhostessen komm in die Presse
Shoppingadressen komm in die Presse
Und im Job gemobbte Politessen kommen in die Presse

Zielgruppengerecht
Für Alter, Einkommen und Geschlecht

Eisbärenbabys komm in die Presse
Heißbegehrte Ladys komm in die Presse
MySpace und Eighties komm in die Presse
Und zeitweilige Weltkrisen kommen in die Presse

In Blöcke und Spalten
Bilder und Balken

Prinzenhochzeiten komm in die Presse
Linsenkochzeiten komm in die Presse
Binsenweisheiten komm in die Presse
Und unterdrückte Minderheiten kommen in die Presse

Mit Auflage und Headline
Aufhänger und Deadline

Fernsehanstalten komm in die Presse
Derbe Gestalten komm in die Presse
Erdbebenspalten komm in die Presse
Und quergedruckte Werbebalken kommen in die Presse

Im Abonnement
Mit Geschenkebon

Poetry Slam kommt in die Presse
Show, Musik und Glam komm in die Presse
Comedy und Spam komm in die Presse
Und prominente Fußballfans kommen in die Presse

Zielgruppengerecht
Für Alter, Einkommen und Geschlecht

Einseitige Anzeigen komm in die Presse
Breitbeinige Schlankheiten komm in die Presse
Zeitweilige Krankheiten komm in die Presse
Und scheinheilige Dankbarkeiten kommen in die Presse

In Blöcke und Spalten
Bilder und Balken

Komm in die Presse!
Komm in die Presse!
Komm in die Presse!
Komm in die Presse!

Mit Auflage und Headline
Aufhänger und Deadline

Das Drumherum

Zuerst die Idee im Zentrum
Doch eigentlich dreht sich alles um
das Drumherum

Funken Impulse Reflexe
Worte Sätze Texte

Dann steht der Text im Zentrum
Und wieder dreht sich alles um
das Drumherum

Erste Version, zweiter Versuch
Layout Cover Titel Buch

Dann steht das Buch im Zentrum
Und nochmal dreht sich's um
das Drumherum

Promo Kampagnen Skandale Presse
Interview Info Journale Messe

Dann steht die Messe im Zentrum
Und wieder dreht sich alles um
das Drumherum

Freunde Business Kontakte Energie
Austausch Verlage Kontrakte Party

Dann steht Party im Zentrum
Und alles dreht sich um
das Drumherumherumherumherumherum

In Bahnen

Auf eisernen Gleisen fahrn Wagen der Fernbahn
von Lindau nach Prenzlau
von Dresden nach Kempten
von Weimar nach Wismar
von Minden nach Emden

Bei Sturm und bei Dunkelheit fahren die Wagen
mich schlafend zum Hafen
mich träge durch Gegenden
wach durch die Nacht
oder leise nach Hause

Sie rollen nach Plänen aus Bahnhöfen raus
Aussteigen, einsteigen
„Bitte zurückbleiben!"
Du schweigend am Gleis
im riesigen Bahnhof

Selbsttätig schließende Türen sind doof

Vom Vorteil des Malers

Der Maler kann überall wirken mit seinen Werken
der Dichter muss erst übersetzt werden

Der Maler kann Unikate verkaufen
Gedichtbände müssen in Auflage laufen

Das Malen ist selbst abstrakt noch sympathisch
bei Dichtung wirkt so was oftmals asthmatisch

Auch sind Genitalien beim Malen handwerkliche Themen
der Dichter aber muss sie in den Mund nehmen

„Wo sind die Toiletten?", können Maler fragen
bei Dichtern wird gleich interpretiert: Was will er uns damit sagen?

Der Maler kann Formen und Farben vermischen
beim Dichter kommen Wortschatz und Satzbau dazwischen

Doch wird es dem Maler wohl unlösbar bleiben
seinen Vorteil vorm Dichter so klar zu beschreiben

Die Sache mit dem Ding

Die Sache mit dem Ding ist so ne Sache
Denn wenn das Ding so Sachen macht, okay kein Ding
Doch wenn die Sachen plötzlich dann so Dinge machen
dann machste Sachen, Alter! Das ist nicht mein Ding

April 2004

Wir teilten uns uns
Du dir dich mit mir
ich mir mich mit dir
und blieben ganz ganz

Die drei Jahreszeiten (1999):

**I
Sommersonne**

Jedes Jahr, so im Juni, Juli summen
Unsummen von Hummeln in der Luft rum. Ich seh
wie sie über Liegewiesen fliegen oder über Gras rasen. In den
grünen Oasen der Stadt spazier ich ziellos los. Ich

kicke die kleinen Steine weg vom Schotterweg ins Moos und
wirble dabei haufenweise Staub auf. Ich bin wie im
Urlaub drauf. Wie in Havanna, wo's so warm war
Bei grad mal 20 Grad gerat ich richtig in die

Abfahrt. Ich mach den Start mit meim Klapprad. Erst
flick ich Platten, wie ein DJ für die Raver, dann flanier ich in nem Meer von Flair und Fliederflavour. Da
laufen Frauen mit tipptopp Tops wie im

Videoclip. Lippen wie bei Divas, die was Nasses
naschen: Coca Cola oder irgend so'n Soda. Als Erfrischung – aber kühl
Fürs Sommersonnengefühl!

Wenn die
Sommersonne scheint, ist der Parkparkplatz voll voll
Strahlen blitzen auf dem Autolack und blenden meinen Blick. Ich
blinzle, seh blinkende Punkte, wo keine sind, zähl Enten-
küken, die quieken und in den Teich tauchen. Leicht hauchen

Winde Pollenballen an dem Weiher vorbei. Sie wehen
weiter und flattern an deinen Kleidern, wobei du dir ein
Speiseeis leistest, die Sommersonne schmeckst und re-
laxt an deinem Ed von Schleck leckst. Und beim Zi-

geunerschnitzelgrillen zirpen Grillen und Zikaden. Wir
treffen uns am Abend zum Chillen und zum Baden
Da wo in der Luft die Libellen schwirren und im
Fluss die Forellen schwimmen, da stimmen die Vibes. Also

schreib's mit der Hand in den Strandsand am Sommersonnen-
sandstrand und hol dir die Fanta vom Strandstand
Als Erfrischung – aber kühl
Fürs Sommersonnengefühl!

II
Diesige Tage

An
diesigen Tagen wie diesem sitzen wir immer in meim
Zimmer auf der Heizung. Ich les Zeitung und du schaust raus
Solln wir in den Regen gehen oder daheim bleiben
und ein geschmeidigen Reim auf die beschlagene

Scheibe schreiben und beschreiben, wie die nassen
Wassermassen ewig gegen Gehwegplatten prasseln
sich durch Gassen ergießen und in den Gully fließen, während
wir im warmen Raum die kühlen Schauer genießen

Wir zerknautschen die Couchkissen, knicken die schicken Klappsofa-
polster ab und wir erquicken uns mit Schnickschnack
Am Fenster perlen Tropfen ab, im Glas perlt der Sekt. Check
das Wetter draußen aus und du hast ruckzuck den Wetlook weg. Ein

fetter Westwind weht, doch weil wir wetterfest sind
geht uns das nichts an. Es wird dunkel, mach kein Licht an. Wir
lauschen und berauschen uns am Regenrauschen draußen
Und drinnen wird die Reise bald beginnen

Weil wir noch
immer in meim Zimmer auf der Fensterbank sitzen, sehn wir ge-
legentlich Lichter in den Pfützen blitzen. Und Regen-
tropfen platschen wie ins Graniniglas rein. Sie bringen
Ringe und die breiten sich aus. Wie allein ein

Gefühl in deinem Bauchbereich. Weich wie Regenwasser
streicht es weiter und draußen wird es rutschig. Wegen
regennasser Straßen und Wege wird das Bremsen ziemlich
schwierig. Halt mich an, halt dich dicht an mich ran! Und dann ver-

lier ich im Delirium das Gleichgewicht. Ich lass mich
fallen. Ich verlass mich auf dich. Auf dein Gesicht fällt das
Licht der Laterne vor der Tür. Und deine beiden
Beine, die berühr ich aus Versehen. Ich kann nichts dafür. Na-

türlich setzen jetzt die geschmeidigen Geigen ein. Wir
schweigen, wir schweifen aus. Und die Kamera schweift
ab auf ein Motiv, tief in dir drinnen, und dann
sieht man nur noch Regenwasser rinnen

III
Cooler Winter

Das war n cooler Wintertag!
Wir sind verreist in die vereiste weiße Weite
in verschneite entlegene Gegenden, durch die wir mit
Moonboots, Skischuhen und Schneestiefeln im Tiefschnee stiefelten

Du schnieftest. Schliefst dann mit Pulmoll oder Paroli
im molligen Wollpulli am Bollerofen. Ich lag daneben mit Rolli
Und Frau Holles dicke Schneedaunendecke
hing über die Hüttendecke wie ne Lawine kurz vorm Absturz

Die Rückkehr scheiterte. Wir schienen eingeschneit –
allein zu zweit. – Weit und breit nur Dunkelheit. Und im
Schneekleid funkelte unbewohnt der Mond. Wenns auf den
Klee schneit, glitzern alle Eiskristalle ganz ungewohnt

Vom Ofenfeuer blieb nur Glut. Ich schob Scheite nach
Funken flogen aus den lodernden Flammen. Fackeln flackerten
Schatten wackelten in den Wellen deiner Wolldecke
Der Wasserkessel tütete. Ich schüttete ne Tüte Tee rein
reichte dir ein Becher und die Hütte taute auf

Du schautest zu mir rauf ohne Worte, wie die aus der Werbung
Vertrautest drauf, dass der Schneesturm bald abflaut
und das Eis draußen abtaut
Während der Winterwind die weißen Wolken
weich gegen die Wand haucht, graut draußen der Tag

Und im bläulichen morgendlichen Licht glich die gleiche Gegend
nun einem glitschigen, rutschigen Gletscher
— Fertig zur Abfahrt!

Wir starteten die Schlitterpartie, zersplitterten die Eiszapfen
und schnitten mit den Schlittenkufen Furchen in den Schnee
Der Bob schleuderte beim Slalom aus geschlängelten Bahnen
und überschlug sich im Flug zum Loop
Ich fing an zu zweifeln: Das war nicht wahr!
Wir warn wahnsinnig nah am Nirwana

Und schwebten schwerelos mit Schwung
in Windgeschwindigkeit weiter
Huckel und Hügel — die katapultierten unsern Raumgleiter
ins Weltall und ins Walhall, überall warn wir Traumreiter
Im durchgeknallten Überschall
prallte ich mit geballter Power gegen die Schallmauer
Die Welt wurde wieder grauer

Ich fiel im freien Fall aus allen Wolken
in die Daunen- und Sprung-Federn
in den' ich auf dem Rücken lag
Das war n cooler Wintertag!

Ansichten

Das kommt mir nicht ins Schlafzimmer
Das ist ja nicht so hübsch
Das ist ja gar nicht nett
Das ist ja ganz zerfasert
Da sieht man ja die Adern
Da weiß man ja gar nicht, wo da wo ist
Die von Ikea sind da dekorativer

Das kommt mir auch nicht ins Esszimmer
Kann man das mal bitte bisschen glätten?
Kann man da mal bitte bisschen mehr Rot haben?
Kann man da mal bitte bisschen schärfer stellen?
Kann man da mal bitte noch mal drübergehn?
Und wo ist denn da bitte der Sinn?

So kommt mir das nicht ins Haus
Kann man da mal bitte bisschen Ordnung schaffen?
Kann man da mal bitte bisschen hochglanzpolieren?
Kann man da mal bitte bisschen mehr Linien reinbringen?
Kann man da mal bitte bisschen mehr Struktur haben?
Kann man da mal bitte bisschen mehr Klarheit haben?
Kann mir da mal bitte einer sagen, warum
ich mich eigentlich so aufrege?

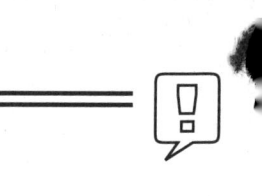

III
Dies ist kein Konzert

CDNR	TITEL	SEITE	MINUTEN
0038	Blumenblüten	92	01:28
0039	Nach dem Loop: Leben	94	01:32
0040	Teleliebe	96	01:07
0041	Höhere Mathematik	97	01:06
0042	Liebeserklärung an eine Chinesin	98	01:44
0043	Missverständnisse	100	03:05
0044	Das Raster	104	00:51
0045	Fünffacher Wortwert	106	04:23
	2 Wochen Karibik	110	
	Das Privileg	112	
	Reklame	113	
0046	Computec	114	01:23
0047	Deutsche Vita	116	01:38
0048	Meine Paradiese	118	02:29
0049	Sushi	120	00:25
0050	Schnittstelle	121	00:36
0051	Der Tanz	122	00:59
	Der stolze Literat	124	

Blumenblüten

Ob zu Sträußen gebunden im Angebot mit Bindegrün
Ob in Gewächshäusern großgezogen mit Guano-Dung
Ob in Vasen, Beeten, Rabatten oder Töpfen
Ob auf Waldboden, Feldern, am Wegrand oder Flussufer

Blumenblüten, man hat euch verarscht
Blumenblüten, man hat euch verraten und verkauft!

Man druckt euch auf geschmacklose Tapeten und kleistert euch zu
Man besprüht euch mit Goldlack, wenn ihr nicht hübsch genug seid
Man häkelt euch als Topflappen und lässt euch dann anbrennen
Man druckt euch auf Klopapier und wischt damit die Popos ab

Blumenblüten, man hat euch verarscht
Blumenblüten, man hat euch verraten und verkauft!

Man bildet euch aus Plastik nach
und schießt dann auf Jahrmärkten drauf
Mit euch schmückt man Rednerpulte von Militärdiktatoren
Man nennt euch Stiefmutter, Knotenfuß oder Sumpfdotterblume
Männer schenken euch als Strauß, wenn sie untreu waren

Blumenblüten, man hat euch verarscht
Blumenblüten, man hat euch verraten und verkauft!

Man rupft euch die Blätter aus, um abzuzählen, ob man geliebt wird
Man missbraucht euch in der Werbung, zum Beispiel für Pril
Man verspeist schon eure Knospen als Artischocken oder Kapern
Manche rauchen euch in Pfeifen und werden high davon

Blumenblüten, man hat euch verarscht
Blumenblüten, man hat euch verraten und verkauft!

Euer Duft hängt in Form von Wunderbäumen an Rückspiegeln
Man packt euch mit Grünzeug in Zellophan ein
Man verarbeitet euch zu Trockenblumen und Potpourri
Man hat falsche Scheine nach eurem Namen benannt

Blumenblüten, man hat euch verarscht
Blumenblüten, man hat euch verraten und verkauft!

Nach dem Loop: Leben

Leute laufen im Loop
Ihr Blut läuft im Loop
Sie tanzen zu Loops – sind im Loop gefangen!

Wenn-er-sich-nicht-meldet-meld-ich-mich-nicht-Loop
Wenn-sie-sich-nicht-meldet-meld-ich-mich-nicht-Loop
Ich-brauch-den-Kick-also-besorg-ich's-mir-Loop
Vom-ersten-Programm-bis-zum-letzten-zapp-Loop

Im täglichen Welt-um-sich-selber-dreh-Loop
Im jährlichen Welt-um-die-Sonne-lauf-Loop

Uhren laufen im Loop
Zahnräder laufen im Loop
Leute laufen nach Uhren – sind im Loop gefangen!

Im Kaffee-am-Morgen-am-Abend-Bier-Loop
Ich-krieg-keinen-Job-also-mach-ich-nichts-Loop
Im Kampf-gegen-Terror-und-Gegenschlag-Loop
Im Haltbarkeitsdatum-ablauf-neukauf-Loop

Im täglichen Welt-um-sich-selber-dreh-Loop
Im jährlichen Welt-um-die-Sonne-lauf-Loop

Loops laufen im Loop
Die ‚Os' im Wort Loop sind selber zwei Loops
Und die wiederum haben wieder zwei ‚Os'
Macht also insgesamt 4, 8, 16, 32, 64, 128 und mehr Loops!

Den Geld-verdienen-und-ausgeben-Loop
Wie-Hamster-im-quietschenden-Laufrad-lauf-Loop
Den Wir-sind-schon-so-lang-zusammen-
  also-bleiben-wir-auch-zusammen-Loop
Den Bitte-haben-Sie-noch-einen-Moment-Geduld-
  der-nächste-freie-Mitarbeiter-ist-gleich-für-Sie-da-Loop
Den Wie-du-mir-so-ich-dir-so-du-mir-so-ich-dir-so-du-mir-
  so-ich-dir-so-du-mir-so-du-mir-so-ich-dir-so-ich-dir-so-du-mir-
  so-du-mir-so-du-mir-so-ich-dir-so-ich-dir-so-ich-dir-Loop

Im täglichen Welt-um-sich-selber-dreh-Loop
Im jährlichen Welt-um-die-Sonne-lauf-Loop

Dieser Text läuft im Loop, dieser Text läuft im Loop, dieser Text läuft im Loop, dieser Text läuft im Loop, dieser Text läuft im Loop

Bis zum Break, bis zum Cut, bis zum Schluss, bis zum Bruch, bis zum
– Aufbruch

Teleliebe

Auch wenn dich und mich offensichtlich
zich Lichtjahre Luftlinie trenn'
bleiben wir beide tight wie Barbie und Ken
Wir kennen den kleinsten Minimillimeter voneinander
Tanzen auf Distanz – transkontinental. Kein Wunder

denn ich komm im Elektronenfluss mit Hyperpulsfrequenz
unbegrenzt und ungebremst in deine Hörmuschel zum Telekuscheln
Wir funken und gehen dann schick SMSen
Ich fessle mich mit meinen Fersen fest an deine Fesseln
Ich fessle dich schnurlos mit meinem Gedichtband
Die Telefongesellschaft scheffelt Cash, seitdem ich dich fand

Ich hab zu dir ne Liveschaltung, bring via Satellitenleitung
tief triefende Liebeslieder, bis wieder die Glasfaser glüht
Wir funken, empfangen empfindliche Impulse
strahlen Infrarotreflexe aus. Ich bring für dich ne Schnulze

Ne messy Messagemassage. Vom nackten Nacken bis zum Spaß
Extra large spüren wir wie wieder der Vibrationsalarm anspringt
Ich geh ran. Schon wieder du an der Strippe
Deine Stimme fließt höchst aufgelöst leicht flüchtig. Und ich slippe

in Echtzeit animiert auf deine Matrixmatratze

Höhere Mathematik

Wenn Oberlippe A plus Unterlippe B zum Quadrat
gleich zwei Ober-Unterlippe AB ist
dann ergibt Ober-Unterlippe A plus Unter-Oberlippe B
zwei Oberlippen plus zwei Unterlippen aneinander
plus Liebkosinus von fünfunddreißigtausend

Nippt dann Zunge A zwei mal an Lippe B mal zwei
und touchiert dann Zunge B Lippe A hoch drei
tangieren Lippe A und B sich zig Sekunden lang
im Schnitt mit tausend Sinneszellen pro Berührung

Wenn pro Berührung dann pro Sinneszelle
zehn Millionen Elektronen überspringen, zack von A nach B
und diese wiederum pro Sprung vier Funken schlagen
dann funkt es über zigmilliardenmal im Schnitt bei A und B
So ballt sich bald die Energie zu Blitzen

Und schlagen diese Blitze ein und züngeln ihre Spitzen
dann kommt so ein Spezial-Effekt
mit Glitzerregen, Wunderkerzen, Goldrausch und 3D-Animation

Dann fliegen, schmelzen Herzen zur Fusion, zur Infusion
zur furiosen allgemeinen Konfusion
Dazu kommt dann so'n Dingsda und nach
zweihundertunddreiundsiebzig Tagen dann die Kinder

Liebeserklärung an eine Chinesin

Ich wank an deiner Bungalowwand lang und sing nen Sting-Song
Klingel „dingdong" an deinem Eingang
Ich wag einen Alleingang und senke die Klinke
Es is zu – zu dumm! – ich denke: Bingo!

Denn krumme Langfingerdinger drehn, war eh noch nie mein Ding
Ich schwing wie King Kong ausm Bungalowwindfang
Gefang' von deinem Look guck ich unter'n Vorhang
Ich schau voll Verlangen dein Teint und Tanga an

Ich belager dein Terrain mit nem Manga inner Hand und
bring ausm Lamäng ein paar Poeme
Ich häng an deinem Geländer, mach ein auf „King aller Länder" und
trag unseren Tag ein in meinen Kalender

Denn wenn dein Twingo vorm Bungalow einbiegt
liegt ein feines Buket Gladiolen im Gang
Es schmiegt sich an deine Wange zum Empfang
Und da baumelt ein Band mit ner Einladung dran

Jetzt bin ich Gangleader, ich singe Slanglieder
und häng nie wieder inner Tangobar mit Kangol-Käppi
Bin im Bad bei keiner Packung Fango mehr happy
Ich sag „Game Over" zu meinem Yin-Yang-Logo-Pullover

Fahr nun Rover und bagger wie'n Doofer
Ich stell meinen Minnegesang nun wegen Mangel an Anklang ein
Ich hab aber einen kleinen Singsang allemal in Petto
Bin gegen die Kollegen im Ghetto unterlegen

aber unter deinem Betonbalkon
da gelingt mir glatt der big Gig
Und bislang misslang mir mein Mandolinenlick von vornherein
Nun winkst du meine kleine Wenigkeit hinein

Ich lang zu lang zu beim Chandon Moët
Bin ein Mann ohne Manko, aber voll lol und lall
Ein Poet will dein sein. Sag nicht nein:
Schenk dir ein Einschenken von reinem Wein, in den ich rein wein, denn

ich werd ihr eine kleine
eine kleine Einladung schenken
Ich hoff, sie kann dann an keinen anderen Mann mehr denken

Missverständnisse

Früher war ich
wegen jeder Geste, wegen jeder Kleinigkeit
immer gleich beleidigt, aggressiv und angepisst
Nur seit ich geistig weiter bin, weiß ich, dass eigentlich
alles bloß ein großes Missverständnis ist

Zum Beispiel:
Wenn da einer einen auf der Straße nicht grüßt
dann ist der eine sauer auf den anderen
Der sagt dann:
„Hey, du arrogantes Arsch, du grüßt mich nicht. Verpiss dich!"
Obwohl man's auch ganz anders sehen kann:

Denn ganz bestimmt ist der, der da nicht grüßt
bloß kurzsichtig oder schüchtern
Vielleicht ist er mit sich selbst beschäftigt
oder nicht ganz nüchtern

Man darf das nicht persönlich nehmen und bei jedem Ding
gleich Hassreden schwing' – im Gegending:
Es sollte jedem geling'
solchen Menschen ein bisschen Verständnis entgegenzubring'

Doch es gibt Leute, die sind
wegen jeder Geste, wegen jeder Kleinigkeit
immer gleich beleidigt, aggressiv und angepisst
Nur seit ich geistig weiter bin, weiß ich, dass eigentlich
alles bloß ein großes Missverständnis ist

Zum Beispiel:
Wenn da einfach einer einem den Mittelfinger zeigt
dann ist der eine sauer auf den anderen
Der sagt dann:
„Hey, du vulgäres Arschloch, willst du Schläge?!"
Obwohl man's auch ganz anders sehen kann:

Denn der Mittelfinger ist doch bloß ein Fruchtbarkeitszeichen
Wer wem den zeigt, der wünscht dem anderen eigentlich Kindersegen
und reichen Nachwuchs der Familie, ne fette Ferienimmobilie auf Malta
Potenz und Fortpflanzungsfähigkeit bis ins hohe Alter
Wohlstand und Fertilität – das ist, wofür der Mittelfinger
in Wirklichkeit steht!

Man darf das nicht persönlich nehmen und bei jedem Ding
gleich Hassreden schwing' – im Gegending:
Es sollte jedem geling'
solchen Menschen ein bisschen Verständnis entgegenzubring'

>>>

Doch es gibt Leute, die sind
wegen jeder Geste, wegen jeder Kleinigkeit
immer gleich beleidigt, aggressiv und angepisst
Nur seit ich geistig weiter bin, weiß ich, dass eigentlich
alles bloß ein großes Missverständnis ist

Zum Beispiel:
Wenn da einfach eine einer anderen eine reinhaut, dann
ist die eine sauer auf die andere
Die sagt dann:
„Hey, du scheiß Opfer, wegen dir blut ich mein Kleid voll!"
Obwohl man's auch ganz anders sehen kann:

Denn ganz bestimmt sucht die, die die da schlägt
bloß Nähe und Berührung
Vielleicht ist es bloß ein unbeholfener Versuch von Tuchfühlung!
Das Ganze ist halt ein bisschen vertrackt:
Der Schlag als Ausdruck eines Wunsches nach Körperkontakt
Manche Leute können ihre Gefühle ganz einfach nicht richtig zeigen
Und dann verteilen sie halt statt Küssen lieber Ohrfeigen

Man darf das nicht persönlich nehmen und bei jedem Ding
gleich Hassreden schwing' – im Gegending:
Es sollte jedem geling'
solchen Menschen ein bisschen Verständnis entgegenzubring'

Doch dann gibt's eine kleine Sache, da versteh ich keinen Spaß
Da werd ich echt beleidigt, aggressiv und angepisst
Denn seit ich geistig weiter bin, weiß ich
wie durchschaubar diese fiese Masche ist

Denn gibt mir irgendjemand zur Begrüßung mal die Hand
dann werd ich wirklich sauer auf den anderen
Ich sag dann:
„Mann, steck dir deine dreckigen Finger sonstwohin!"
Weil ich diese miese Tour einfach nicht abkann
Denn ganz bestimmt will der mich bloß mit seinen Keimen infizieren
Vielleicht wäscht er sich nicht die Hände
und will jetzt alles an mich dranschmieren
In Zeiten von SARS und Hepatitis
darf man da kein Verständnis investieren
Hinterhältige Händeschüttler wollen dich mit ihren Viren liquidieren

Man darf das nicht falsch verstehen und dann
so nette Begrüßungsreden schwing'
Im Gegending:
Solchen asozialen Arschlöchern
kann man ja wirklich gar nichts mehr entgegenbring'!

Das Raster
(im übertriebenen Trochäus zu sprechen)

Streng	ist	die	ge
Ord	nung	die	ses
Sie	ben	Zei	len
Sil	ben	sind	es
Da	von	ist	die
be	be	tont,	die
be	tont	und	so

Kann	ein	Mann	sei
le	in	Ge	dich
und	dann	noch	vor
hat	er	Glück,	denn
gen	Män	ner	mit
misch	em	Ge	spür.
lich	und	klingt	zum

Oh,	du	mei	ne
te	te.	Ich	den
si	tiv	von	dir.
gen	stern,	ich	würd
ker	zum	Brunch	ein
bist	es,	auch	wenn
tio	nal	ex	is

ras	ter	te
Ge	dich	tes
à	sie	ben
pro	Stro	phe
er	ste	Sil-
zwei	te	un-
wei	ter	fort

ne	Ge	füh-
te	pa	cken
tra	gen,	dann
Da	men	mö-
Takt	und	rhyth-
Das	ist	sinn-
Bei	spiel	so:

An	ge	be
ke	so	po-
Du	mein	Au-
dich	gern	lek-
la	den.	Du
du	nur	fik-
tier	en	tust

Fünffacher Wortwert

Verbalaccessoires im Komplettset für jeden Anlass
Dein Push-up für die mentale Oberweite
Top, Rock, Jeans und Sneakers sind wichtig
Doch du brauchst zum Outfit auch ne glaubwürdige Wortwahl

Wir stylen dein unsportliches Geblubber von ALG II zu SLK 320
Von Diskussion zu Disko, von Malaria zu Malaga
Wir upgraden jede banale Party zur exklusiven Festivität
Die verbale Komplettlösung für Sie und Ihn – Fünffacher Wortwert!

Verbalaccessoires im Komplettset für jeden Anlass
Maßgeschneiderter Content für den kleinen Talk zwischendurch
Lidstrich, Make-up und Lippenstift sind wichtig
Doch du brauchst zum Outfit auch ne glaubwürdige Wortwahl

Wir hätten da die Satzkollektion Typ „Geschäftsfrau mit Anspruch"
Flüstern Sie: „Lilien strahlen Fasern im Abendglanz warm."
Hauchen Sie: „Rotwein wohnt wohl hoch oben im Wonnemonat."
Tragen Sie stets ein „Selig schweben Schwan und Schwalbe, ewig lebt nicht ganz das Halbe." auf den Lippen

Wörter wie Nippel, Naturkatastrophe, HipHop, Notunterkunft, Persilschein, Uplifting, Restposten, Heckenschütze, Schatzi, Handyklingelton, Flipper, Krisenintervention, Systemadministrator, Gruppensex, Massenkarambolage, Killer oder Nikolauslaufen sollten Sie meiden!

Verbalaccessoires im Komplettset für jeden Anlass
Wir helfen Gefühle in Worte zu kleiden
Bei Glamour-Jeans sind Goldfäden
Strasssteine, Perlen und Pailletten extrem wichtig
Doch du brauchst zum Outfit auch ne glaubwürdige Wortwahl

Wir hätten da die Satzkollektion Typ „wilder Rebell"
Rufen Sie:
„Hasta la victoria siempre Coca-Cola!"
Skandieren Sie: „MT-Vi-va la Revolution und zwei Cuba Libre, bitte!"
Tragen Sie stets ein Dutschke-Zitat auf den Lippen, z.B.:
„Wenn die Struktur des integralen Etatismus durch alle seine institutionellen Vermittlungen hindurch ein gigantisches System von Manipulation darstellt, so stellt dieses eine neue Qualität von Leiden der Massen her, die nicht mehr aus sich selbst heraus fähig sind, sich zu empören."

Wörter wie Zuneigung, Realität, Zippo, notgeil, Kaugummiautomat, Bausparvertrag, Mama, Sakko, Flutschi, Brigitte-Diät, Schamhaar, Gummibärchen, Bastei Lübbe, RegionalExpress, Paniermehl, Vorhautverengung, Schnappi, Fusselcheck, Sekretstau und Pizza Hawaii sollten Sie in jedem Fall meiden!

>>>

Verbalaccessoires im Komplettset für jeden Anlass.
Dein Korsett um Gedanken Haltung zu geben.
Schnürung, Doppelnaht und Dekolleté sind extrem wichtig.
Doch du brauchst zum Outfit auch ne glaubwürdige Wortwahl.

Wir hätten da die Satzkollektion Typ „Glamour-Girl"
Grundsätzlich gilt: Reden Sie nur, wenn es sich nicht vermeiden lässt.
Ansonsten sagen Sie:
„Well, you know, I think, everything is really quite okay right now."
Fragen Sie Ihren Gegenüber dreimal nacheinander:
„Excuse me, what was your name again? – Excuse me, what was your name again? – Excuse me, what was your name again?"
Und bemerken Sie bei Gelegenheit:
„Well, I think I like the red pills better than the blue ones."

Wörter wie Friséesalat, Nickelallergie, Schnellimbiss, 99-Pfennig-Paradies, Diaphragma, Kreuzworträtsel, Dispokredit, Grabbeltisch, Nasenscheidewand, Gewerkschaft, Fassadenbegrünung, Wohltätigkeitsbasar, Blasebalg, Schließmuskel, Bundeskanzler, Körbchengröße, Naturschutzbund, Niedriglohnsektor und Parodontose sollten Sie in jedem Fall vermeiden!

Verbalaccessoires im Komplettset für jeden Anlass
Wir liefern Reizworte statt Reizwäsche
Beim Night Special sind Tangas und Boxershorts extrem wichtig
Doch du brauchst zum Outfit auch ne glaubwürdige Wortwahl

Da wäre die Satzkollektion Typ „Gentleman der alten Schule"
Der Standardsatz lautet:
„Es gelingt mir beim besten Willen nicht, mich über Vorkommnisse wie diese zu amüsieren."
Variieren Sie nach Belieben: „Es will mir beim allerbesten Willen nicht gelingen, mich über Vorkommnisse wie diese zu amüsieren."
„Mich über Vorkommnisse wie diese zu amüsieren, will mir beim allerbesten Willen nicht gelingen."

Wörter wie Nackenrolle, Puderdose, Flittchen, Portionierlöffel, Punkrock, Raufaser, Darkroom, Pimpf, Pfennigabsatz, Dany Plus Sahne, Parkplatztreff, Niveau, Pantoffel, Rindergeschnetzeltes, Kulturgut, Weißherbst, Praline, Erbrecht, Suhrkamp, Schnuller, Käsekästchen, Privatsekretär und Hack sollten Sie in jedem Fall vermeiden

Verbalaccessoires im Komplettset für jeden Anlass
Egal, ob halterlose Strümpfe oder haltlose Argumente
Stockings und Socken sind wichtig
Doch du brauchst zum Outfit auch ne glaubwürdige Wortwahl

Verbalaccessoires im Komplettset für jeden Anlass
Von ihrer freundlichen Agentur Fünffacher Wortwert!

2 Wochen Karibik

2 Wochen Karibik
All in – à la Neckermann
Drei Sterne Rundumpanorama und Extrafun
Durch Animateure im Sonnenresort
Erlebnisgastronomie, Seeblick und Bodensport

4 Wochen Karibik
Im Freiluftcamp unter Palmen
Faszination Kuba, wo Havannas qualmen
Am Endziel der kollektiven Sehnsucht
Eingebuchtet in einer kleinen Bucht

8 Wochen Karibik
Nachts der Himmel voller Sterne
Weiter unten leuchten freundlich die Fenster der Kaserne

12 Wochen Karibik
In vogelfreier Entfaltung
Insassen in artgerechter Bodenhaltung
Flexibilität ist Trumpf beim großen Trend
Zur Aufenthaltsdauer mit Open End

20 Wochen Karibik
Relaxter Chillout im Röntgencamp
Wer hier landet, hockt länger als der letzte Pfahlsitzchamp
Alles inklusive: Langeweile, kurze Wege
Gemeinschaftsunterkunft in gepflegtem Gehege

30 Wochen Karibik
Am Arsch der Welt, wo die Kaktusse blühen
Im roten Overall und bloßem Nervenkostüm
Tapetenwechsel von Rauhfaser zu Maschendraht
Dazu ein schmutziger Prozess, der sich gewaschen hat

50 Wochen Karibik
Und beste Aussichten auf mehr
Wenigstens sind noch die Angaben hier ohne Gewähr

70 Wochen Karibik
Erholung und Wellness total
Fern von der Heimat wird einem irgendwie alles ziemlich egal

100 Wochen Karibik
Unter gesetzlosen Kombattanten
Herzliche Grüße bitte auch an Onkel und Tanten
Wetter und Stimmung sind wirklich superokay!
Obey, obey, oh, Guantanamo Bay!

Das Privileg

Dingsdas zu machen ist berechtigtestens
Weil, damit bringt man auf die Spitze
was auf den Punkt getrieben sein soll
Ich bin Uhrheber. Ich weiß, wovon ich rede und so

Textkritiker schieben Schnitzer auf Verfasser
Dabei sind sie mit Kalkühl plaziert
So fehlern also auch die Zeitungen gern und fiel
Was ich schätze, denn sonst würden sie noch länger weilen

Nonverbales Hausrocken ist prinzipiell möglich
Doch wollen auch gedankenmäßige Austäusche gepflegt sein
Schmutzterminusse, Füllwörter und andere Werben hört man
In U-Bahnhöfen wimmeln Patzer am Mast

Linguale Lapsusse bringen Deutschland aus der Verfassung
Nonkonformismen führen zu Mist-Verständnissen
Vergreifungen fördern Vergriff
Versprechungen nähren Verspruch

Also lernt gefälligst korrektes Deutsch!
Glaubt mir! Ihr müsst das voll strange durchziehen!
Denn nur die Regeln geben uns das Privileg
richtige Fehler machen zu können

Reklame

Werben und umworben werden
Ein altes beliebtes Spiel
Komm her zu mir, mein Sonnenschein
Persil, Persil, Persil

Streicheln und gestreichelt werden
Tiefer, sanfter, schneller
Ich liebe dich, mein Sonnenschein
Nutella, Nutella, Nutella

Stoßen und verstoßen werden
Ein weit verbreitetes Leid
Was hast du bloß, mein Sonnenschein?
Wick MediNait, Wick MediNait

Werben und umworben werden
Der Kreislauf beginnt, sich zu drehen
Und die Reklame lockt:
„Hier könnte Ihre Werbung stehen"

Computec

Das Netz lockt. Ich logge mich ein. Ich klicke den kleinen
Startbutton. Ich bin im Nu im Menü drin. Auf diese Weise
reise ich schon lange durch das World Wide Web. Und ich gelange
mit Links in fremde Länder, denn ich zapp mich die

Links entlang. So gelingt mir der Zugang zu Ge-
dankengängen anderer. Ich, der rastlose Wanderer
chat im Net, check die Netiquette, hack was
aus, browse weiter in die Usenet Newsgroups

cruise durch FAQs von Jesus
Jusos und Usergroups. Ich tu's mit der
Konsole aus dem Digital. Ausm Silicon
Valley mit Drag 'n' Drop und Plug 'n' Play. Bei meiner

Rallye auf dem digitalen Datendeck
lad ich schwer verschärfte Shareware weg
Und zwar mit Hi-tec!

Ich bin immer noch online und zieh mir Chips rein. Zieh Bytes und
Bits durch den Mikrochip in Zips rein. Zieh auf meinem
Trip durch das Hypertextgeflecht an allerlei Da-
teien vorbei und da sind Datenkarteien dabei. Ich

taste mich per Tastatur durch die Textur und tour durch
wilde Gefilde des Web, www.rap.de
Zapp zu meiner Mailbox: Luft@post.com
Computer, Kommunikation und CD-ROM-Kom-

merz bekommt immer mehr Megahertz Taktfre-
quenz. Bleib kompatibel und up to date mit Updates! Auch
wenn's mit dem Modem im modernen Medium nur mit
medium Geschwindigkeit weitergeht, sind die Plug-
ins installiert und Pin-Codes generiert. Mit

Shockwave komprimiert werden Midi-Sounds minimiert
Lad diesen Track mit dem dritten Mpeg
und wirf dich weg
– mit Hi-tec!

Deutsche Vita

Alle Gedanken kreisen meistens um das süße Leben rum. Alles
dreht sich um die Mädchen, alle drehen sich nach den Mädchen um
In In-Clubs, Pubs oder Upper Class Bars liegt ein
Klirren von Cocktailglas über nebeligen Szenen

Schicke schäkernde Geschöpfe lehnen sehnend am Tresen
Wollen Travolta ähneln. Und ein Wesen auserlesen
Aus Tausenden von Dancing Queens 'n' Kings, mit verschiedenem
Geschmack – mal lieblich, mal trocken. Allerdings

alle knack- und backig verpackt – mit Schillerlocken. Oder
Backfische geschminkt mit Schmuck im Luxuslook und Bakschisch
inner Tasche! Sie sind ausgezogen, um das nackte Glück unbe-
logen und betrogen zu suchen. Und sie buchen den

Bravo-Girl-Riesen-Romantikposter-Regenbogen-
Ritt-Trip. Mit nem Typ, der gibt Tip. Und
heute zahlt er für das Abendabenteuer teuer
Morgen Morgen ist das Feuer verflogen

Alle Gedanken kreisen meistens um das süße Leben rum. Um
Rumkugeln auf Tibetteppichen oder Partys für
zwei auf Flokatis. Er schmilzt wie Smarties im
Mund unter Massagen. Denn ihre haut so rein, dass ich Pas-

sagen hier zensier, um mir Blamagen zu ersparen. Das
ist was für die Vorstellung und nichts für ne Vorstellung
Schnell die Überblendung zu ner anderen Sendung. Zu „Nur die
Liebe zählt", die „Wahre Liebe", „Liebe Sünde", „Herzblatt", „Ver-

zeih mir". Es geht schon wieder um den süßen heißen
Brei hier. Und um unerlaubte Urlaubsliebe-
leien. Viele fahren für allerlei gefährliche Af-
fären und Erfahrungen auf Fähren in den Ferien in die Ferne. Mit nem

Flieger auf die Fidschis, ins Schlaraffenland der Litschis. Viele
fliegen auf die Fugees und sie halten ihre Liebe auf
Fuji-Film-Fotos mit Lotusblüten fest und ab
dann ranken Mythen um den Rest

Meine Paradiese

Etappe I

Auf dem Badeboot am Pool bei Sonnenschein und Seeblick
Auf dem Sonnendeck bei Bass und Popularmusik
da träum ich mich ins Paradies – so wie bei Adam und Eva
Bloß ohne Sündenfall
Stattdessen mit Sattessen und Füßehochlegen

Etappe II

Auf dem Badeboot am Pool bei Tai Chi und Mischgetränken
Auf dem Sonnendeck bei Menschen und Erfrischungen
da wähn ich mich im Süden an
Sandstränden, Felsenbuchten, Steilschluchten
In Wohnkästen an Küsten, Bettenburgen mit Meerblick
Pauschal-rundum-sorglos-Paketen
Und Vollverpflegung

Etappe III

Auf dem Badeboot am Pool ohne Stress mit blauem Himmel
Auf dem Sonnendeck bei Wind und Freiluftschwimmen
da träum ich mich an Orte meiner Sehnsucht
ins Lekkerland, das groß mit rotem Logo
auf diversen Last- und Lieferwägen beworben wird
Da gibt es einen Saal, da kann man alles mal probieren
mit kartonweise Knabberglück
Massen von Kisten mit Nüssen
riesigen Schokoriegelregalen
gigantischen Pringles-Palettenbergen
großen Hochregallagern voll Dosenpils
Tabak, Tic Tac, Six-Packs, KitKat, Nic Nac's
Bifi, Beck's, Faxe, Big Boxes, Twix, Mixery und
Kaugummi, Kaugummi, Kaugummi, Kaugummi

Etappe IV

Auf dem Badeboot am Pool im Liegestuhl mit Handtuch
Auf dem Sonnendeck bei netten Leuten und Schönheiten
da träum ich mich zu Multipolsterwohnwelten
wo rosige Musterzimmerwohnträume wahr werden
wo Popos in stoßgedämpften Wattepolstern versinken
eingelullt und umhüllt von geballter Gemütlichkeit
Dazu passende Kissen mit peppigem Muster
mit Federkernlattenrostbettenlandschaften
und Couchgarniturparadiesen, zweiteiligen Sesselsets
und Polyacrylfaserteppichen, Tapeten, Toilettendeckeln, Dekodecken
Gitterbetten, Gartenartikeln, Gardinen und
Schaumgummi, Schaumgummi, Schaumgummi, Schaumgummi

Etappe V

Auf dem Badeboot am Pool bei Freiheit und Freizeit
Auf dem Sonnendeck bei Luxus und Licht
da wünsch ich mich ins ewige Etap-Hotel
wo jedes Zimmer weltweit im gleichen Stil gehalten ist
an 230 Orten der Erde
200 gleiche Zimmer an zehn gleichen Fluren auf fünf gleichen Etagen
Paris, Hamburg, London, Berlin – egal
Ihr Bettgestelle, ihr Eckspiegel, ihr Neonröhren, ihr Überdecken
ihr Trennwände, ihr Duschkabinen
Wie oft wart ihr mir eine kleine Heimat?
Wie viele Kinder wurden wohl in eurem Angesicht gezeugt?
Oh, ewiges Etap-Hotel-Zimmer-Paradies!
Wie gerne wäre ich mal wieder – für 39 Euro – in dir
eine Nacht lang zu Hause

Sushi

Sinnesscharfe Klingen splitten Sake-Filet
spalten Sashimi, schlitzen Surimi
Blütenweißer Reis taucht in Kikkoman-Soja
Algenlagen wickeln sich um Goodies à la California
Makis drippen vom Dippen. Nigiris suppen
Wir nippen an Nippons Lippen bis tief in die Puppen
poppen flaschenweise Piper. Kippen Gläser auf'n Teppich
Dann wieder sticky Rice mit Chopsticks in kompakten Paketen

Schnittstelle

Sie sitzen an Synapsen
wie Saugnäpfe an Zitzen
Speisen dir Bit für Bit
Shit in die Schnittstelle

Splitten dein Ego,
kitten Brüche mit Placebo
Sie stimulieren Triebe
und simulieren Liebe

Der Machtapparat unterhält sie
und er hält sie unten
Vom Vakuum der Bildröhre
ausgelutschte Kunden

Im Moloch
polen sie Metropolen
mästen Massen mit Mist
von Sendemasten. Voll trist

bestrahlen sie Städter
mit betäubendem Äther
Sat-Anlagen ausgerichtet
Fahnen im Wind der Täter

Der Kanal als Kanüle
für knallharte Kalküle
Injektionen aus ihren Anstalten
ersetzen die Gefühle

Der Tanz

Magisch magnetisch geschmeidig im Takt
Fleisch live in Schleifenbewegung unplugged
Tanzen in Trance ohne Pflanzenextrakt
Rhythmisch geschmiedeter Nichtangriffspakt

Wir fühlen uns unverwundbar wunderbar
Und sind so wunderbar unverwundbar

Körperfunktionen und Technik intakt
Bässe in Bassboxen bouncen exakt
Pobacken, Bäuche und Busen halbnackt
Funkeln im flackernden Licht – Blickkontakt

Wir fühlen uns unverwundbar wunderbar
Und sind so wunderbar unverwundbar

Dass das das krasseste Fest ist, ist Fakt
Publikum dicht aneinander gepackt
Tanzsilhouetten im Flutlicht abstrakt
Feiert noch schön! Das war mein Text – letzter Akt

Wir fühlen uns unverwundbar wunderbar
Und sind so wunderbar und verwundbar

Der stolze Literat

Ich hab ein Buch rausgebracht.
160 Seiten, Hardcover, gebunden
– für gewisse Stunden!

Nie wieder Lesen in ner schmutzigen Bar
oder irgend so nem Kiffkeller
Ich hab ein Buch rausgebracht
und bin jetzt seriöser Schriftsteller!

Ich hab ein Buch rausgebracht
Kritiker dürfen sich verneigen
Nach dieser Lesung bitte ich euch um
fünf Minuten andächtiges Schweigen!

Und wenn du's schlecht findest, konntest du's
wahrscheinlich einfach nicht kapieren
Doch ich hab keine Zeit, es zu erklären
Ich muss signieren

Ich hab ein Buch rausgebracht
Meine Omi ist stolz auf mich
Sie hat's zwar nicht gelesen
aber das Cover findet sie toll, glaub ich

Ich hab ein Buch rausgebracht
und find mich jetzt noch intellektuellerer
als der von mir hochgeschätzte
Kollege Walter Höllerer

Ich hab ein Buch rausgebracht
Du willst wissen, worum es geht
Mann, ich hab das Buch nicht rausgebracht
damit du mich fragst, was drinne steht

Ich hab ein Buch rausgebracht
und putz mich jetzt als Literat raus
Mit Pfeife säh ich fast wie Günter Grass
bloß ohne Bart aus

Ich hab ein Buch rausgebracht
Man liest es in weit reichenden Kreisen
Es wird die Bestenlisten stürmen
und reihenweise Preise einheimsen

Ich hab ein Buch rausgebracht
Mit Schampus wird der Tag enden
Verehrerinnen dürfen sich gern
an meinen Verlag wenden

Ich hab ein Buch rausgebracht
und wohn' in allerfeinster Lage
denn jedes Wort von mir ist Gold wert
– auch wenn ich „Mist" sage!

Legendär sind die Weisheiten
die meinen Epoi innewohn'
Du findest mich auf Seite zehn
fett grinsend im Feu-ille-ton

Ich hab ein Buch rausgebracht
Doch es wird nicht bei dem Roman bleiben
weil Ghostwriter vielleicht schon längst
an meinen Memoiren schreiben

Anmerkung des Herausgebers

Bei den hier vorliegenden Gedichten handelt es sich um Bühnentexte. Sie wurden primär für den Vortrag verfasst und orientieren sich in Rhythmik, Klang und Silbenzahl an der gesprochenen Sprache.

Der Autor dankt Dajana Suljkanovic, Wolf Hogekamp, Petra Anders, Tom Brägelmann, Loris Negro, Kraans de Lutin, Dalibor Markovic, Frank Zitzmann, Timo Brunke, Michael Lentz, Vicente Celi, Leif Greinus, Sebastian Wolter, Martin Wolter, Gauner, Anikó Kövesdi, Felix Römer, Frank Klötgen, Nora Gomringer, Julian Heun, Claudius Hagemeister, Anton Dormann, Pascal Böttcher, Ute Böttcher, Hans-Ernst Böttcher, Ute Jurs, Jakob Jurs, Alija Suljkanovic, Eldina Suljkanovic, Dragana Suljkanovic, DJ Poetic Rock, Telhaim, Ken Yamamoto, Peter Weibel, Rolf Wolkenstein, Sascha Verlan, Martin Kobler, Herbert Wentscher, Sebastian 23, Etta Streicher, Christof Stählin, Marie Fleury, Marc Oberländer, Oliver Fuchs, Bärbel Becker, Wladimir Kaminer, Olga Kaminer, Joachim Umlauf, Martin Otzenberger, Rayl Patzak, Ko Bylanzky, Jaromir Konecny, Björn Högsdal, Toby Hoffmann, Volker Strübing, Lars Ruppel, Thomas Geyer, Klaus Krischok, Matthias Burki, Gabriel Vetter, Sebastian Krämer, Jürg Halter, Yaneq, Albert Ostermaier, Ulli Janetzki, Thorsten Dönges, Cäcilia Simon, Tadek Szewczyk, Axel Krommer, Kerstin und Henrike Aumund, Richi und Lisa Küttel, Lello Voce, Elena Gebele, Gerald Zörner, Thomas Wohlfahrt, Marc-Uwe Kling, Aurelie Maurin, Steffen Brück, dem Literarischen Colloquium Berlin, dem Deutschen Literaturinstitut, der LiteraturWERKstatt Berlin, dem RBB, dem Goethe Institut, dem weltumspannenden Spoken-Word-Netzwerk, der Akademie der Künste, der Frankfurter Buchmesse, der Bauhaus-Universität Weimar, dem ZKM, Rotbuch, der Leipziger Buchmesse, Party Arty, SAGO, dem Bödecker Kreis, der Stiftung Lesen, dem Auswärtigen Amt, der Stiftung Kunst und Recht und dem DAAD.